유별난 게 아니라 유병한 거예요

- 우울증 극복 일기 -

유별난 게 아니라 유병한 거예요

- 우울증 극복 일기 -

장미교 에세이

새벽달

목차

들어가며 _ 정신병도 치료를 받아야 나을 수 있는 병이다 ● 8

1장 괜찮을 거라는 말조차 듣기 싫을 때가 있었어

∞ 내가 정말 정신병일까? ● 12

∞ 우울증이 시작된 게 언제였더라? ● 18

∞ 첫걸음을 떼기가 어려울 뿐이다 ● 23

∞ 나는 행복해질 수 없는 사람이야 ● 26

∞ 처음 느껴보는 감정, '살고 싶다' ● 33

∞ 삶에게 지는 날들엔, ● 37

∞ 외모에 대한 지나친 강박 ● 43

∞ 성인 ADHD, 남들보다 바쁘게 살아가는 하루 ● 48

∞ 어떤 일이든 금방 싫증을 느껴요 ● 52

∞ 노력은 원래 불공평하다 ● 56

∞ 알코올 의존증, 술 없이는 잠을 못 자겠어요 ● 60

∞ 단약을 하지 않기로 결심했다 ● 64

2장 가족, 빌어먹을 가족

∞ 나는 처음부터 불행할 수밖에 없었다 ● 70

∞ 나는 아빠를 미워하고 싶어 ● 74

∞ 물고기처럼 살고 싶었던 걸까 ● 77

∞ 이것도 복이야 ● 80

∞ 아직도 선명하게 생각나는, 노을이 예뻤던 그날 ● 82

∞ 엄마는 그랬었구나 ● 87

∞ 미안하다고 말해줘서 고마워 ● 92

∞ K-장녀는 부모의 감정 쓰레기통이다 ● 96

∞ 폭력성은 약자에게로 향한다 ● 99

∞ 나를 닮은 아이 ● 103

∞ 마음이 가난해질 때 가장 먼저 찾게 되는 존재 ● 106

∞ 새로운 가족 ● 109

3장 오늘도 하루도 행복하지 않았던 당신에게

∞ 내가 정말 하고 싶은 게 뭐였더라? ● 114

∞ 목적지가 없습니다 ● 118

∞ 나는 행복해야만 하는 걸까? ● 123

∞ 저울질하는 관계는 이제 그만 할래 ● 127

∞ 내일이 없었으면 해 ● 131

∞ 인생은 긴 마라톤이야 ● 133

∞ 난 왜 모든 일이 버거울까? ● 136

∞ 나의 온도는 다시 뜨거워질 수 있을까? ● 139

∞ 치료의 시간은 곪았던 시간만큼 필요하다 ● 142

∞ 나는 내가 너무 불쌍해 ● 145

∞ 상처의 무게를 잴 수 있을까요? ● 150

∞ 끝없는 자기혐오를 그만두고 싶지만, ● 153

∞ 왜 살아야 하는 거지? ● 157

∞ 오늘도 행복하지 않았던 당신에게 ● 161

4장 우울에 질식하기 전에 기지개를 켜자

∞ 그래도 해야지, 어떡해 ● 166

∞ 나는 이제 행복이 두렵지 않아 ● 170

∞ 완벽한 행복은 오지 않는다 ● 173

∞ 손끝 하나 움직이기 힘들다는 걸 알아 ● 176

∞ 어떻게든 살아지네 ● 180

∞ 시간에 쫓기지 말고 시간을 지배하는 사람이 되자 ● 184

∞ 과거를 돌아보지 말고 현재의 나를 제대로 바라보기 ● 187

∞ 다시는 타오르지 못할 듯 뜨겁게 사랑하라 ● 189

∞ 다시 일어섰던 수많은 순간들을 잊지 말자 ● 193

∞ 행복을 익숙한 감정으로 만들기 ● 196

∞ 잘 먹고 잘 자는 것이 기본이다 ● 199

∞ 체력을 키우는 것은 인생의 밑바탕이 된다 ● 202

5장 잊지 마, 너는 아직 깎이지 않은 원석이야

∞ 꿈은 클수록 위대해진다 ● 208

∞ 무슨 생각을 해, 그냥 하는 거지 ● 211

∞ 나를 사랑하는 것에는 어떠한 이유도 필요 없어 ● 213

∞ 사람이 좋은데, 사람이 무서워 ● 217

∞ 모두에게 좋은 사람일 필요는 없어 ● 220

∞ 여유라는 건 내가 만들어내는 것이다 ● 223

∞ 내가 원하는 시간에 잠들 수만 있다면 ● 225

∞ 화를 내는 것도 습관이다 ● 228

∞ 하고 싶은 거 다 하면서 살래 ● 231

∞ 미안하지만, 내 멋대로 살게요 ● 234

마치며 _ 정신병을 앓고 있다는 사실을 당당하게 말할 수 있는 날이 왔으면 ● 238

들어가며 _ 정신병도 치료를 받아야 나을 수 있는 병이다

'우울증'. 이 단어를 들었을 때, 내가 느낀 감정은 불안과 두려움이었다. 이 병에 대해 자세히 모르는 이유도 있었지만, 사회적인 편견과 오해에서 비롯된 감정이 더 컸다. 우울증을 가진 사람이라면 '이상하다', '위험하다', '통제가 힘들다' 등의 부정적인 이미지로 여겨질 테니까. 그래서 내가 우울증이 있음을 남들에게 들키고 싶지 않았고, 나 스스로도 인정하고 싶지 않았다.

정신이 나약해서, 부정적으로 생각하는 습관 때문에 얻은 병일 테니 내 의지로 이겨내리라 생각했다. 정신이 강인해지도록 컨트롤하고, 긍정적으로 생각하고, 밝게 살기 위해 애썼다. 그러면 병원이나 약, 치료 같은 게 없어도 나아질 수 있을 것이라고 믿었다. 하지만 그렇게 시간을 흘려보내는 사이, 나는 점점 더 곪아갔고 점점 더 아파졌다.

'정신병'도 단어 그대로 병이다. 우울증, 불안증, 공황장애, 성인 ADHD, 수면장애, 섭식장애 등 모두 치료를 받아야 하는 질병이다. 다리가 부러지면 당연히 정형외과를 찾는 것처럼, 마음에 병이 생기면 당연히 정신과를 찾아가 의사의 진단을 믿고 따라야 한다. 정신병은 완치되기 힘들 뿐만 아니라 재발할 위험성도 크기에, 내 정신의 아픔을 의심하거나 스스로 치료할 수 있다고 섣부르게 판단하지 말고 정신과를 찾았으면 좋겠다.

정신과는 약물 치료 외에도 상담이 중요한 치료 요인이 되기 때문에 나에게 맞는 병원을 찾기까지 시간이 걸릴 수 있다. 하지만 괜찮은 병원을 발견하게 된다면 그 노력은 결코 헛되지 않을 것이다.

많은 사람들이 마음의 어려움을 겪을수록, 더 많은 사람들이 치료를 받아 정신적으로 건강한 삶을 찾을 수 있는 날이 올 것이라 믿는다. 지극히 평범하고 스스로를 나약하다고 생각했던 나도 극복해 가고 있으니, 그 누구라도 할 수 있을 것이다. 내가 그랬듯이 정신병을 앓고 있는 많은 사람들이 행복을 찾아가고, 자존감을 높이고, 자신을 사랑하는 방법을 찾아갔으면 좋겠다는 따뜻한 소망을 품고 있다.

1장
괜찮을 거라는 말조차 듣기 싫을 때가 있었어

∞ 내가 정말 정신병일까?

 정신과를 찾아가기까지는 오랜 시간이 걸렸다. 잠을 못 이루는 것뿐인데 정신과를 가야 할까…. 만약 불면증이 아닌 다른 정신병이 있다면 어떻게 해야 하지…. 라는 불안감과 나 혼자서도 극복할 수 있을 거라는 근거 없는 자신감 때문이었다.

 오래전, 이유 없이 찾아온 불면증 때문에 도저히 견디기 힘들어지자 동네에서 제일 처음 눈에 띈 정신과를 찾아간 적이 있었다. 병원 안은 대기하는 사람 한 명 없이 한산했다. 진료 전에 간단하게 상태 진단을 진행했다.

〈일주일 동안 죽고 싶은 생각이 몇 번 들었나요?〉
〈일주일 동안 우울하거나 극심하게 불안했던 적이 몇 번 있었나요?〉

 나는 나열되어 있는 대부분의 문항에 거짓으로 체크를 했다. 정신과를 찾은 이유는 그저 불면증 때문이니, 다른 진단이 나와서는 안 된다고 자기합리화를 하며 말이다.

 불안한 마음에 초조해하고 있을 때, 간호사가 내 이름을 호명

했고 진료실로 들어갔다. 의사 선생님은 진단지를 살펴보더니 요즘 스트레스를 받거나 신경 쓰는 일이 있냐고 물었고, 나는 "예.", "아니오."라고 단답형으로 대답했다. 남에게 속마음을 털어놓지 못하는 성격이기도 하지만, 다른 진단이 내려질까 봐 두려운 마음 때문이었다. 그저 '불면증'이라고 진단해 주기를, 간절히 바랐다.

하지만 의사 선생님은 좀 더 집요하고 노골적으로 가족 관계나 직업, 성격 등을 물었고, 나는 점점 대답하기가 힘들었다. 모든 질문에 괜찮다고만 답하는 내가 가식적으로 느껴졌다. 의사 선생님은 규칙적인 생활과 운동의 필요성을 강조하며 수면제를 처방하고는 진료를 끝냈다. 진료실 문을 열고 나서는데 알 수 없는 기분이 들었다. 난생처음 느끼는 감정이었다. 나에게 손 내밀어 주기를 바랐나? 가만히 안고 토닥여 주기를 바랐나? 어깨라도 빌려주기를 바랐나? 모르겠다. 복잡미묘한 감정 속에서 명확한 것은, 슬픔이었다.

그 후, 처방 받은 수면제를 며칠간 복용했지만 불면증이 조금도 나아지지 않자 정신과를 찾아갔던 스스로가 원망스러웠다. 다시는 찾지 않으리라. 나는 그 뒤로 정신과에 발길을 끊었다.

그렇게 몇 년의 시간이 흘렀다. 나는 여전히 우울했고, 먹지 못했고, 자지 못했고, 자주 죽고 싶었다. 일상생활을 유지하는 것이 너무나 어려웠다.

어느 날, 친동생이 방문했다. 동생은 몇 년간 불면증으로 고통받는 나를 항상 걱정해 왔다. 그런데 그날은 불면증뿐만 아니라 우울증일 수도 있으니 정신과를 찾아가 보라고 권했다. 지인 중에 우울증 약을 복용하고 나아진 사례를 언급하며, 의사와 약물의 도움이 매우 중요하다고 강조했다.

동생이 돌아간 후 우울증에 대해 검색해 보았다. 세로토닌, 멜라토닌, 도파민, 노르에피네프린 등 우울증에 영향을 끼치는 다양한 호르몬에 대해 알게 되었다. 그때의 내 상태는 매우 심각했다. 잠을 자지 못하니 어떤 일이든 집중하기 힘들었고, 입맛까지 없어져서 밥알을 삼키는 것조차 힘겨웠다. 자지 못하고, 먹지 못하는 삶은 인간의 기본 욕구조차 없애 버린 채 살아가는 것과 같았다. 그럼에도 불구하고 정신과를 찾아가기가 망설여졌다. 예전에 느꼈던 감정을 다시 느낄까 봐 두려웠고, 정신과를 찾으면 정말로 정신병자가 되어버릴 것 같아서 무서웠다.

그날도 제대로 자지 못해서 탈진 상태로 볼일을 보고 집으로 돌아가던 중, 익숙한 건물에 개업한 병원 간판이 눈에 띄었다. '정신의학과'라고 쓰인 글씨 옆에 귀여운 스마일 표시가 붙어 있었다. 그 간판을 보며 침만 꿀꺽꿀꺽 삼켜대다가 반은 호기심으로, 반은 충동적으로 병원 안으로 들어섰다.

새로 만들어진 병원이라 깔끔하고 좋은 냄새가 났다. 게다가 대기실에 앉아 있는 몇 명의 사람들은 이상하거나 우울해 보이지 않았다.

나도 이상해 보이지 않으려고 노력하며 접수를 하자, 간호사가 초진 진단표를 작성하라며 건넸다. 이번에는 솔직하게 해보자, 싶은 생각이 들어서 내가 겪고 있는 감정이나 상태에 대해서 가감 없이 체크를 했다. 하지만 진료를 기다리면서 대답하기 싫은 질문을 또 받으면 뭐라고 답해야 할까? 걱정스러운 마음에 심장이 요동을 쳤다.

내 차례가 되어서 진료실로 들어갔다. 문을 열자 탁 트인 창으로 들어오는 햇살과 하얀 가운을 입고 미소 지은 의사 선생님이 보였다. 선생님은 내가 작성한 진단표를 살펴보더니, 우울증과 불안증이 주된 증상이고 심각한 수준이라고 말했다. 또한, 신생님이 건넨 질문에 제대로 대답하지 못하고 우물쭈물하자 선생님은 6개월의 시간을 달라고 했다. 6개월 정도의 시간은 있어야 원인을 찾을 수 있고 나를 도와줄 수 있다고 하셨다. 그 외에 불편한 질문은 하지 않자, 내 마음이 점점 평온해지는 게 느껴졌다. 나는 선생님께 그러겠다고 약속했다. 선생님은 수면제가 아닌 우울증과 불안증 약을 처방해 주었고, 집에 돌아온 나는 그 약들을 빠짐없이 잘 챙겨 먹었다.

그 후, 기적이 일어났다. 약을 복용하는 동안, 나는 잠을 자고 음식을 먹을 수 있었다. 완벽히는 아니어도 자고 먹을 수 있게 된 것이 고마워서 나는 선생님과의 약속을 지키기 위해 꼬박꼬박 병원을 찾았다. 그렇게 치료를 받은 지 어느새 6년 차가 지나고 있다. 그동안 나에게는 수많은 진단들이 주어졌다. 우울증, 불안증, 불면증, 과수면장애, 성인 ADHD, 기분부전증, 공황장애, 식이장애 등.

나는 아직도 완전히 치유되지는 않았다. 치료를 받는 동안 한 번의 자살 시도도 있었다. 하지만 치료를 시작한 지 4년이 넘어가면서 내 마음과 정신이 천천히 호전되기 시작했다. 누군가 "너 요즘 어떠니?"라고 묻는다면 자신 있게 "많이 나았어요."라고 대답할 수 있다. 때때로 잠을 자지 못하거나 극단적으로 며칠 동안 잠만 자는 날도 있다. 하지만 지금은 죽고 싶은 날보다 살고 싶은 날이 많아졌고, 과거에 잠식되어 우울 속에서 헤매는 날보다 미래를 꿈꾸며 행복하고 싶다는 생각에 잠기는 날이 더 많아졌다. 나는 더디지만 조금씩 나아지고 있다. 이 책은 우울증을 극복해 가는 내 개인적인 치료 과정을 담은 것이다.

많은 병명이 있지만 나의 주된 병명이 우울증이기에 이 책에서는 우울증으로 통일하려고 한다. 우울증을 치유하려면, 앓고 곪은 시간이 길면 길수록 치료에는 곱절 이상의 시간이 필요하다. 여러 약물을 거치고 수많은 부작용을 겪으며 나에게 맞는 약을 찾아가는 과정 역시 녹록지 않다. 이렇게 정신과에 다니며 약을 먹고 있는 상황이 서러워서 되레 우울증이 깊어지는 날들도 분명히 존재했다. 또 약물과 상담뿐만이 아니라 나의 의지와 노력 역시 절실하게 필요한 일이기도 하다.

우울증을 겪고 있는 많은 사람들은 극복하고 싶어 한다는 데 뜻을 함께하고 있다고 생각한다. 그런 사람들에게 내가 이제까지 치유해 왔던 과정을, 또 극복해 갈 수 있었던 많은 사례들을 들려주고 싶다. 내가 했으니 그 누구도 할 수 있는 일이다. 내가 나았으니 그 누구도 나을 수 있다. 우울증은 충분히 치료가 가능하다.

정신병이라는 단어에 주눅이 들 필요는 없다. 실제로 병원에 다니면서 수많은 환자를 봐왔지만 그들의 얼굴에 대놓고 정신병이 있는 사람이라고 써 있는 환자를 단 한 명도 보지 못했다. 아마 남들도 나를 보고 그렇게 생각할 것이다. 정신병이라는 거, 별거 아니다. 개인의 상태에 따라 치료 기간은 다를지언정 정신병은 불치병이 아닌 치료와 관리가 가능한 병이라고 명확하게 말할 수 있다. 내가 정신병이 있다는 사실을 받아들이고 치료할 수 있다고 믿는 것부터 시작해야 한다.

∞ 우울증이 시작된 게 언제였더라?

어릴 적 어렴풋한 기억을 떠올려 보면, 나는 초등학교 고학년 때부터 죽고 싶다는 생각을 했다. 아빠에게 혼나거나 매를 맞은 날엔 이불 속에 파묻혀 '내일 아침에 일어나면 옥상에 올라가 떨어져 죽는 거야.'라고 다짐을 했다. 온몸이 피투성이로 망가진 내 모습을 바라보며 땅을 치고 후회할 부모님을 상상하곤 했다. 내 우울증이 정확히 어느 시점부터 발현되었는지는 모르겠지만, 그 감정이 평범한 것이라고 느끼며 살아왔다. 남들도 다 나처럼 죽고 싶어 하며 괴롭게 사는 줄 알았다.

하지만 어느 날, 친구들과 가족에 대해 대화를 나누다가 나와는 다른 감정을 가지고 있다는 사실에 충격을 받았다. 우리 가족에겐 결코 없었던 따뜻한 시간이 친구들에겐 넘쳐흘렀다. "나도 가족이랑 패밀리 레스토랑에 가봤어.", "나도 가족이랑 캠핑을 가본 적 있어." 어린 나이였음에도 불구하고 나에게만 결핍된 부분을 본능적으로 알아챘고, 그것을 친구들에게 들키고 싶지 않아서 거짓말도 했다.

나는 남들 앞에서 내 감정을 드러내지 않기 위해 웃었다. 진짜의 내 모습을 드러내는 것보다 감추는 게 더 쉬웠다. 그러다 보니 초등학교 때 별명이 웃음 자판기였고, 중학교 때엔 내가 한 번도 웃지 않는 날이면 친구들이 모두 무슨 일이 있냐고 물어볼 정도로 항상 웃었다. 나의 불안과 불행을 웃음 뒤에 숨겼다. 이 방법은 그 당시의 상황을 모면하는 데 꽤나 많은 도움을 줬지만, 길게 봤을 때는 나를 더욱 갉아먹는 짓이었다.

본격적으로 우울증이 모습을 드러낸 건 20대 초반이었다. 대학교 1학기를 마치고 방학 동안 살이 많이 찌는 바람에 휴학을 결정하게 됐다. 별다른 이유는 없었다. 지금 생각해 보면, 주변에서 살찐 내 모습을 비난하고 비웃을 것 같아서 두려웠을 뿐이었다.

휴학하는 동안 자취를 시작했고, 그 기간에 성격과 성향이 급격하게 변해갔다. 사람을 좋아하고 외향적이었던 내가 사람들을 만나는 게 두려워지고 내성적으로 변했다. 이전에는 주목받는 걸 좋아하고 어디서든 빛나는 사람이 되고 싶어 했지만, 이후로는 타인의 시선에 가슴이 뛰고 내 존재가 다른 사람들에게 각인되는 게 불편하고 싫어졌다.

게다가 극심한 식이장애를 앓게 되었고, 폭식과 구토가 일상화되었다. 배가 고프지 않아도, 먹고 싶은 게 없어도 습관처럼 먹고 구토했다. 이러한 과정에서 자기혐오가 생기고, 자존감은 끝을 모르고 추락했다. 얼마 사귀지도 않았던 남자친구와 헤어진 후에는 처음으로 자해를 시도했다. 손목에 생긴 붉고 깊은 상처는 고통스러웠지만 마음은 오히려 안정이 되었다. 그래서 자꾸 들여다보곤 했다.

    이전에는 하루에도 몇십 명의 사람들과 핸드폰으로 연락하던 나는 이쯤부터 몇몇 사람만을 남기고 연락을 끊었다. 보고 싶은 사람을 만나도 즐거운 시간은 잠시뿐, 나 혼자 동떨어져 있는 느낌에 자꾸만 기분이 가라앉아서 힘들었기 때문이다. 그 기분을 감추기 위해서는 너무 많은 에너지를 필요로 했기에 본능적으로 사람들을 피하기 시작했다.

    불행은 연속으로 찾아왔다. 이 시기에 잘못된 판단으로 큰 빚을 지게 되었다. 지금 생각해 보면 몇백만 원에 불과했지만, 20대 초반에는 상당한 금액이었다. 휴학 중에는 아르바이트를 해서 이자를 내고 빚을 조금씩 갚아나갈 수 있었지만, 복학 후에는 돈을 갚을 여유가 없었다. 게다가 영화과 전공이어서 학기 중에는 영화 촬영에만 전념해야 했기 때문에 아르바이트를 할 시간이 부족했다. 엄마가 보내주는 생활비로는 이자까지 감당하기엔 턱없이 부족했다. 그래서 나는 대출을 받아 돈을 돌려막기 시작했다. 학교를 다니는 동안 이런 상황이 반복되다 보니 어느새 빚이 800만 원까지 불어났다.

    결국 나는 학교를 한 학기를 남기고 자퇴했다. 대출도 더 이상은 나오지 않았고, 조급한 마음이 극에 달해 학교를 계속 다닐 여유도 없었다. 그렇게 학교를 그만두고 나는 조금 좋지 않은 일까지 해가며 큰 빚을 감당해야 했다. 이러한 과거를 회상하는 이유는, 이로 인해 내가 우울하다고 생각했기 때문이다. 자란 환경이 힘들고, 현실이 암울하며, 앞으로의 삶도 막막하다고 생각했다. 이런 어려운 상황에서는 누구나 우울해질 것이며, 절망적이지 않을 수 없다고 내 감정을 정당화했다. 게다가 이 모든 건 그저 내 탓이라며 스스로를 구렁텅이에 빠뜨리기 시작했다.

하지만 금전적인 문제가 해결된 후에도, 안정적인 직장을 가지게 된 후에도, 좋은 사람들을 만나게 된 후에도 내 우울증은 사라지지 않았다. 오히려 더욱 깊은 곳에 뿌리를 내리고 단단하게 자리를 잡았다. 정신과를 찾아가야겠다는 생각을 안 해본 것은 아니었다. 하지만 정신과에 대한 부정적인 감정이 나를 계속해서 괴롭혔기 때문에, 일단 스스로 극복해 보자고 자신을 매번 설득했다. 약물에 의지하게 되는 것도 두려웠고, 이 깊은 우울함이 그 따위 알약으로 쉽사리 치료될 리 없다고 믿었었다.

그랬던 내가 정신과를 찾은 이유는, 단 하나였다. 내 불안과 우울을 조금이라도 덜어내고 싶다는 간절한 마음이었다. 정말이지 사람답게 살고 싶었다. 그때의 나는 완전히 절망의 늪에 빠져 있었다.

∞ 첫걸음을 떼기가 어려울 뿐이다

보통 정신과를 처음 방문하면 수많은 문항이 담긴 검사지를 받는다. 굉장히 많은 질문에 솔직하고 자세히 답변을 해야 한다. 내가 상담 받은 병원에 대해 친구들에게 말해주자, 그들도 상담을 받고 싶어 했다. 그래서 몇몇 친구들이 다녀왔는데, 하나같이 엄청 많은 질문에 대한 답을 적느라 힘들었다고 말했다. 하지만 일 년넘게 상담을 다닌 나는 금시초문이었다. 나에겐 그 검사지가 주어지지 않았다.

나중에 선생님에게 이유를 물어보니, 처음 방문했을 때 체크했던 진단표에서 이미 심각한 정도의 우울증과 불안증이 진단되었기 때문이라고 했다 간단한 질문 몇 개만으로도 우울증, 불안증, 수면장애, 섭식장애 등의 진단을 내리기에 충분했던 것이다.

처음 정신과 문 앞에 서서 발걸음을 떼던 순간이 가장 어려웠다. 정신과 약을 복용해도 치료되지 못할까 봐 너무 두려웠던 마음이 발걸음을 무겁게 만들었다. 평생 우울과 함께 살아가야 한다는 진단을 받으면 어떻게 받아들여야 할까? 평생 행복하다는 감정을 느낄 수 없다면 어떻게 이해해야 할까? 내 안에서의 여러 감정들이 뒤섞여 맥락 없이 마음을 헝클어 놓았다. 이내 들어가기를 포기한 채 엘리베이터를 기다리던 나는 침을 한 번 꿀꺽 삼키고는 발걸음을 돌려 정신과 문을 열고 들어갔다.

그 후로 1주에 한 번씩, 꽤 오랜 시간이 지난 후로는 2주에 한 번씩, 지금은 한 달에 한 번씩 정신과 문을 열고 씩씩하게 들어간다. 처음이 어려웠을 뿐이다. 힘겹게나마 첫걸음을 떼니, 다음 걸음은 탄력을 받아 순조롭게 내딛을 수 있었다. 늘 환한 미소로 맞아주는 선생님을 보는 것도 이제는 일상이 되었다.

6년이 넘는 시간 동안 나에게 맞는 약을 찾기 위해 수십 번이 넘게 약을 바꿨다. 그 과정은 마치 내가 실험실 안의 쥐가 된 것 같았다. 어떤 약은 복용해도 잠을 이룰 수 없었고, 어떤 약은 가슴이 뛰고 불안 증세가 더 심해졌으며, 어떤 약은 식욕이 왕성해져서 체중이 급격하게 늘어 힘들었다.

이러한 증상을 이야기하면 선생님은 신중히 고려한 뒤 다른 약을 권해주었다. 그렇게 시행착오를 거쳐 나에게 맞는 약을 찾아내면, 잘 자고 잘 먹고 불안해하지 않고 우울의 깊이가 얕아진다. 이것이 약물의 효과였다. 다행히도 약의 종류는 많았기에 대체가 가능했다. 그런데 진짜 문제는 나에게 있었다. 다른 사람에게 내 이야기를 잘 꺼내지 못하는 내 성격이 문제였다. 정신과에 상담을 받으러 가서도 나를 드러내는 것이 어려웠다. 솔직히 있는 그대로의 나를 얘기해야 하는데 그렇게 살아본 적이 없으니, 정신과 문을 씩씩하게 열고 들어간 게 무색하게도, 내 감정을 숨기기에 바빴다.

"잘 지냈어요?"

상담실 문을 열고 들어가면 선생님은 늘 나의 안부부터 물었다. 그리고 나는 "아니요. 잘 못 지냈어요."라고 대답한 적이 한 번도 없다. 십분 노력하여 그때그때의 어려움이나 고민을 이야기한 적은 있지만, 두서없이 떠오르는 부정적인 생각과 그 원인인 나의 문제점을 얘기한 적은 매우 드물었다.

이 부분은 아직도 완전하게 해소되지 않았다. 나는 여전히 선생님에게 어떤 말을 건넬지 고르고 있다. 그나마 오랜 시간을 거쳐 쌓인 리포(환자와 의사 사이의 심리적 신뢰 관계) 덕분에 처음보다 한결 나아지긴 했다. 뭐든 시간이 지나면 익숙해지는 것처럼 상담도 익숙해진다. 내 기분을 얘기하고 털어놓는 것에 익숙하지 않더라도 시간을 들여 라포를 형성한다면 차츰 발전할 것이라고 확실하게 말할 수 있다. 뭐든지 처음이 어렵고 두려울 뿐이다.

∞ 나는 행복해질 수 없는 사람이야

치료 기간 중 가장 큰 사건은 앞서 언급한 자살 시도였다. 그때는 나 자신이 정말 나아지고 있다고 믿었으며, 선생님도 많이 좋아졌다고 말씀하셨던 시기였다. 그래서 취업을 위해 자격증을 따고 면접을 보러 다녔는데, 원하던 회사의 면접을 망치는 바람에 입사에 실패했다. 나는 크게 상심했고, 이런 면접 하나도 잘 해내지 못하면서 무엇을 할 수 있겠냐는 자책감으로까지 이어졌다.

불합격 통보를 받고는 애인과 동생, 여러 친구들에게 마구 전화를 했다. 잠시도 가만히 있지 못할 만큼 불안했기 때문에 위로를 받고 싶었다. 주변 사람들은 나에게 힘을 주기 위해 열심히 응원의 말을 외쳤지만, 미치도록 불안한 기분을 해소하기에는 역부족이었다.

세상 모든 사람들이 행복해 보였고, 나만 불운하게 느껴졌다. 모두들 아무 걱정 없이 평탄하게 잘만 사는데, 나는 왜 이리 괴롭고 힘에 겨운가. 그 지경까지 가니 더 이상 주변인들의 괜찮다는 위로조차 듣기 싫었다. 그들은 모두 나보다 나은 상황에 있기 때문에 그런 말을 하는 거라고 생각하니 마음이 무겁고 억울함이 복받쳐 올랐다.

며칠을 집에 웅크려 앉아 한참을 생각에 잠겼다. 나는 평생 동안 단 한 번도 진심으로 행복했던 적이 없었고, 아마 앞으로도 행복이라는 감정을 느끼지 못하고 죽을 것이라는 불안감에 숨이 막혀왔다. 그 불안감은 꽤 오랫동안 나를 지배했다.

그 시기에 공황장애를 느끼기 시작했다. 지하철에서 갑자기 식은땀이 나고 숨이 막혀서 주저앉아 심호흡을 한 적도 있고, 길을 걷다가 갑자기 모두가 나를 쳐다보고 있는 것 같아서 손가락 하나조차 움직일 수 없다는 느낌을 받았다. 그러면서도 나는 선생님과의 상담에서 공황장애에 대한 신체적인 증상만을 얘기할 뿐, 내 심리상태에 대해선 말하지 못했다. 그때는 꼭 괜찮다고 말해야 할 것 같았다. 나의 호전되고 있는 상태를 누구보다 기쁘게 생각하는 선생님에게 다시 안 좋아진 것 같다는 얘기를 차마 건넬 수가 없었다.

약을 복용하고 공황장애는 가라앉았지만 심리적인 공황은 여전히 내 안을 뒤흔들었다. 잠을 자지 못하고, 밥을 먹지 못하는 날이 계속됐다. 그럼에도 불구하고 나는 계속해서 자신을 속였다. "넌 괜찮아.", "나아지고 있어." 하지만 실제로는 그렇지 않았다. 내가 정말 괜찮지 않다는 사실을 외면하고 무시했던 건 아닐까. 아이처럼 펑펑 울어버리고 싶은 감정이 지속됐지만, 눈물은 한 방울조차 나오지 않았다. 차라리 목 놓아 울어버렸으면 해소되었을 감정들이 마음 깊숙한 곳에서 소리 없이 커져가고 있었다.

어느 날, 굉장히 사소한 일로 동거하는 애인과 다투게 되었다. 애인은 방으로 들어가 잠을 잤고, 나는 맥주를 사와서는 혼자 마셨다. 나는 기분이 상기되고 안 좋은 일이 있을 때면 으레 술을 찾곤 한다. 그러면 날 괴롭히는 생각들이 잠시나마 잊히고, 기분이 나아지는 것 같아서다. 하지만 그날은 정반대로 감정이 더욱 갈라지고, 머리는 더욱 어지러웠다. 숨을 쉬는 것조차 버거웠고 살아 있는 것이 너무 힘들었다. 돌이킬 수 없을 정도로 내가 이미 망가졌기 때문에, 다시 태어나지 않는 한 영원히 이 상태에 갇힐지도 모르겠다는 불안감이 내 정신을 꽉 조여왔다.

그때 스위치가 켜졌다. 그렇다면, 살지 않으면 되잖아? 태어나는 건 내 의지가 아니었지만, 죽음은 내가 선택할 수 있는 거잖아. 사는 게 이토록 괴로운데, 살아내야 하는 이유를 억지로 찾아내서 온 힘을 다해 버틸 필요가 없다고 생각했다. 죽음으로부터 행복을 얻겠다. 그게 내가 내린 결론이었다. 살아서 한순간도 행복하지 않았다면, 죽어서 행복해지겠다. 당연히 앞뒤가 맞지 않는 헛소리다. 하지만 그때의 나는 그렇게 생각했고, 그 생각이 옳다고 믿었다.

나는 한 치의 후회 없이 죽음을 선택했다. 그러자, 살면서는 느껴본 적 없었던 편안한 감정이 온몸에 퍼졌다. 더 이상 괴로움에 몸부림치지 않아도 된다고 생각하니 그토록 차분해질 수가 없었다. 나는 더 이상 나에게 남은 내일이 없다는 것에 안도하며 눈을 감았다.

눈을 떠보니 병원이었고, 침대 옆 간이 의자엔 애인이 앉아 있었다. 그리고 주치의와 의료진들이 차트를 들고 들어와 내 앞에 섰다. 의사 한 명이 내 상태에 대해 설명을 하자, 의료진들이 고개를 끄덕이며 들고 온 메모장에 열심히 무언가를 적어댔다. 무슨 말이 오갔는지는 흐릿한 의식 때문에 기억나지 않지만, 장면만큼은 소름이 돋을 만큼 뇌리에 남았다. 너무도 수치스러웠기 때문이다.

"또 그러실 거예요?"

의사가 물었고 나는 말없이 고개를 저었다. 의사는 얼마간 말을 더 하고는 사라졌다. 결국은, 다시 살아버렸구나. 다시 살아가야 하는구나. 수치심이 사라진 자리에는 더욱 큰 책임감과 죄의식이 들이닥쳤다. 하지만 정신이 온전히 맑아진 상태가 아니어서 다시금 잠에 빠져들었다.

그 후, 깨어나서 애인에게 어떻게 된 거냐를 몇 번이나 되물었다. 애인은 지칠 만도 한데, 몇 번이고 차분히 내 상태에 대해 말해주었다. 그리고 밤이 다 되어갈 때쯤에야 정신이 회복되어 말귀를 알아들을 수 있었다.

정신이 돌아오니, 내 몸 상태보다도 주변 사람들의 걱정이 앞섰다. 죽음에 이르기 전에 가까운 사람들에게 짧게 보냈던 문자의 내용들을 살펴봤다. 가족, 친구, 애인에게 남긴 것은 고작 서너 줄의 문장이 전부였다. 이 일로 충격을 받았을 그들의 아픔을 가늠할 길이 없어 가슴이 아팠다. 가슴이 시리고 목이 꽉 막혀왔지만 눈물은 흐르지 않았다. 예전에는 눈물이 되게 많았는데, 이제는 울려고 작정을 해도 울 수 없는 사람이 되어버렸다. 감정의 어느 부분을 가위로 잘라낸 것처럼 어딘가가 단절된 기분이 들었다.

병원에 입원해 있는 동안은 정신과 약을 복용할 수 없었다. 그래서 나는 잠깐씩 졸기만 할 뿐 제대로 잠에 들 수가 없었다. 애인이 보호자로 항상 옆에 붙어 있었기에 마음대로 혼자 돌아다닐 수도 없었다. 병원에 입원해 있었던 그 기간은 여러모로 끔찍했다. 그렇게 며칠간의 병실 생활을 하고 모든 검사 결과에 이상이 없다는 판정을 받고서야 퇴원을 할 수 있었다. 이후에 만난 주변 사람들은 생각보다 멀쩡해 보였고, 그래서 다행이라고 생각했다. 사고가 너무나 단편적이었고, 그 결과 안일하게 판단했던 것이다.

　병원에서 퇴원하자마자 정신과를 찾았다. 선생님을 만나면 울음이 터질 것 같았지만, 감정은 가라앉은 채로 흔들림이 없었다. 토요일이어서 대기 환자가 많았던 터라 긴 상담을 할 수 없었고 약만 처방 받고 정신과를 나왔다. 하늘이 맑았던 것으로 기억한다. 그 맑은 하늘을 보며 다시 어떻게 살아가야 하는지 막막한 감정을 추스르기 위해 나는 무진장 애를 써야 했다.

　주변 사람들의 트라우마를 알아차린 건 한참 후였다. 애인은 그 이후로 내가 혼자 있거나, 혼자 술을 먹으면 심한 불안에 시달렸다. 애인은 평소에 눈물을 잘 보이지 않는데, 내가 걱정된다며 구슬픈 눈물을 흘리기도 했다. 그래서 함께 정신과를 찾아가서 상담도 받았다. 그 후에도 애인은 언제나 나를 걱정하며, 잠시라도 연락이 안 되면 곧장 집으로 돌아왔다. 그리고 쓰레기통을 살펴보는 습관까지 생겼다. 결국 집에 CCTV를 설치하여 나를 매 시간 확인할 수 있게 되자 애인은 그나마 안정을 찾을 수 있었다.

　친동생도 큰 충격을 받아서 나를 안 볼 생각이었다고까지 말했다. 어떻게 동생을 두고 떠날 생각을 했는지, 마지막 할 말은 그 짧은 몇 줄이 다였는지 가늠할 수 없을 만큼 고통스러웠다고 말했다.

어떤 친구는 아침에 누군가의 연락을 받는 것조차 무섭고 가슴이 뛴다고 했다. 이렇듯 내 선택은 주변 사람들에게 너무 끔찍한 트라우마를 안겨주고 끝이 났다.

이 일을 계기로, 앞으로 어떤 일이 있어도 결코 내 사람들에게 상처를 주는 행동을 하지 않겠다고 다짐했다. 깊은 곳에서 헤매고 방황할 때 내 곁을 지켜준 내 사람들이 다시는 나로 인해 고통받는 것을 감당할 수 없을 것 같다.

∞ 처음 느껴보는 감정, '살고 싶다'

 결심을 한 후, 내 상태는 급격하게 좋아졌다. 최악의 밑바닥을 찍으니 더 이상 내려갈 곳이 없었고, 올라갈 일만 남았던 것이다. 우선 심신의 안정을 찾기 위해 하던 일을 모두 중단하고 평소에 하고 싶었던 서비스 직종에서 6개월가량 일을 했다. 사람들과 어울리고 땀을 흘리며 함께 일을 하고 몸을 움직이니 나는 차츰 극복되어 가고 있다는 걸 느낄 수 있었다.

 애인과 나는 그날을 '다시 태어난 날'이라고 부르며, 매해 그날이 되면 근교로 나들이를 간다. 다시는 그런 선택을 하지 않기를 바라는 마음에서 애인이 준비한 깜짝 선물이란다. '다시 태어난 날' 이후로 나는 생애 느껴보지 못했던 많은 감정들을 경험했다. 사소하고 평범하게만 보였던 일상들의 작은 자극을 느낄 수 있었다. 그중 가장 큰 변화는 살고 싶다는 생각을 하게 되었다는 것이다. 일이 끝나고 퇴근하는 버스 안에서, 강아지와 산책하는 동네 산책로에서, 성실하게 살아낸 하루를 마치고 잠들기 전에도 나는 살고 싶다는 생각을 했고, 더 나아가 잘 살아보고 싶다는 마음이 들었다.

 내 인생에서 '다시 태어난 날'은 분명한 전환점이었다. 죽음을 피해 살아남은 것뿐만 아니라, 더 나은 삶을 찾기 위해 노력한 것도 있었다. 나는 우울증을 극복하고자 많은 노력을 기울였다. 선생님과 상담에서는 솔직한 감정을 털어놓기 위해 애썼고, 적절한 약물을 찾기 위해 노력했다. 또한, 지겹게도 나를 힘들게 하는 가족과 대화를 통해 갈등을 해소하고 사과를 주고받았다. 이 과정에서 내 삶을 돌보고 있다는 강한 의지가 생겼다. 과거에 방치했던 내 감정과 삶을 소중히 여기며 살아가고자 하는 강한 결심을 했다. 그러자 그 결심을 이해하고 지지해 주는 가족, 애인, 친구들이 내 곁에 있음이 보였다.

　살 만하다는 생각은 일상에서 소소한 행복으로 이어졌다. 좋은 음악을 발견했을 때, 먹고 싶었던 음식을 먹었을 때, 그리고 글을 쓰며 기분 좋은 안도감을 느낄 때, 이 감정이 바로 행복이지 않을까란 생각이 들었다. 그동안은 아주 거창하고 대단한 감정만이 행복이라고 생각했던 것이 큰 오해임을 깨달았다.
　끊임없는 약물 치료와 상담, 그리고 내 노력으로 많은 것들이 변화되면서 조금씩 나를 사랑하는 방법을 깨닫게 되었다. 나를 사랑하는 것은 너무나 당연한 세상의 이치 같지만, 내게는 정말 쉽지 않았다. 이제 나는 살고 싶고, 행복하며, 나 자신을 사랑한다는 것을 깨달았다. 어쩌면 이 모든 변화들로 말할 수 있을 만큼 나는 많은 부분에서 변화를 겪었다.

물론 단기간에 얻어낸 성과는 아니었다. 길었던 우울증만큼이나 나에게는 긴 치료 기간이 필요했다. 사람마다 병의 깊이가 다르듯이 치료 기간도 천차만별임을 언급하고 싶다. 6년이라는 시간이 누군가에게는 짧다고 느껴질 수도 있겠고, 누군가에게는 너무나 길게 느껴질 수도 있겠지만 나에게 필요한 시간을 충분하게 할애해서 치료해 나간다면 어느 누구라도 반드시 치료될 것임을 알고 있다. 이렇게 보잘것없고 자존감이 바닥을 기었던 나도 치료가 되고 있으니 말이다.

하지만 나는 알고 있다. 그럼에도 때때로 우울하고 깊은 구덩이에 빠져서 헤어 나오기 어려워할 것을 말이다. 그리고 습관처럼 또 우울감을 찾으려 할 것이다. 그게 내 인생에서 가장 일상적인 감정이었으므로, 편안함에 기대는 것처럼 우울감에 기대려 할 것이다. 하지만 지금까지 다시 일어서고 잘 극복해 왔던 것처럼 나는 꺾이지 않을 것이다. 그런 믿음이 생겼다. 그래서 나는 과거의 나에게 이런 말을 해주고 싶다.

'이를 악물고 버텨.'

지금 이 순간에도 온몸에 힘을 주고 버티고 있을 당신에게 작은 위로를 건네고 싶다.

"살다 보면 우울하고 죽고 싶을 때가 더러 있더라고요. 별거인 일이에요. 그렇지만 그 별거도 지나가더라고요. 그러니까 제발 두 다리에 더 힘을 주고 이 시련이 지나갈 때까지 버텨주세요. 그러다 보면 살고 싶다, 라는 작은 희망이 당신에게 닿을 거예요. 그때까지 우리 모두 안녕하자고요. 그러다 보면, 정말 버티고 버티다 보면 언젠가는 내가 나를 사랑할 수 있는 때가 오지 않을까요?

∞ 삶에게 지는 날들엔,

아직까지도 치료가 되지 않은 부분이 있다면 그건 바로 수면장애다. 불면증과 과다수면이 반복적인 패턴으로 찾아오는데 그게 나를 너무나도 힘들게 한다. 약을 수없이 바꿔보고, 규칙적인 생활을 하기 위해 회사 생활도 해보았지만 규칙적인 수면 패턴은 도무지 나와는 먼 남의 일처럼 느껴진다.

어떤 기간은 잠을 못자서 너무 괴롭다. 일어나야 할 시간이 다가오는데 잠에 들지 못하고 점점 동이 터 밝아지는 창문을 보는 것만큼 괴로운 일은 없을 것이다. 그렇게 며칠을 잠을 자지 못할 때는 어김없이 우울증과 불안증이 동반된다.

잠을 자지 않는 머릿속은 온갖 부정직인 기억들로 가득하다. 때로는 어린 시절의 불행한 기억이 두서없이 떠오르면서 가족에 대한 원망에 밤새도록 머무르기도 했다. 이럴 때는 어릴 적의 상처와 과거의 실수들을 반복적으로 회상하며 우울함에 휩싸인다. 또한, 어떤 날은 어영부영하게 끝나 버린 인간관계가 떠오른다. 사소한 마찰도 없었는데 왜 연락이 끊긴 건지 알 수 없는 이유를 찾느라 밤을 꼬박 새우기도 한다. 그럴 때면 그 친구의 단점과 약점을 회상하며 끝없이 부정적인 생각에 빠져들기도 한다. 그러다 보면 주변 사람들까지 부정적으로 보게 되고, 상처받은 기억들이 머릿속을 가득 채워서는 멈출 수 없는 고민 속으로 빨려 들어가곤 했다.

그럴 때, 선생님은 생각을 멈추고 이게 나에게 도움이 되는 생각인지를 스스로에게 물어보라고 했다. 하지만 그게 말처럼 그렇게 쉬웠으면 내가 환자가 아니겠지. 그럴 때는 선생님조차 책임을 피하는 듯하게 느껴진다. 생각은 돌고 돌아 나 자신에게 온다. 그때 나는 왜 나 자신을 지켜주지 못했는지, 왜 나에게 상처를 준 사람에게 당당하게 맞설 수 없었는지가 억울해서 잠이 오지 않는다.

때로는 내가 타인에게 잘못했던 일들도 떠올린다. 나에게 소중한 사람이면서 왜 그렇게밖에 행동하지 못했는지 쉴 새 없이 채찍질을 해댄다. 이런 식으로 굴다간 모두가 나를 떠나 버릴 거라는 두려움에 사로잡힌다. 타인으로 시작한 불만이 결국은 자신에 대한 혐오로 번져 나가는 것이다. 모래 늪에 빠져 버린 것처럼 힘주어 빠져나가려 하면 할수록 나는 더욱 깊은 곳으로 가라앉는다. 미워하고 원망하고 자책하다 보면 머리가 아파서 아무 생각이 떠오르지 않을 때까지 버티고 기다리는 것이다.

생각을 그냥 끊어내는 것은 도무지 쉽지 않아서 차라리 몸을 일으켜 세워 다른 일을 시작한다. 피곤하고 힘들어도 다른 것에 몰두하다 보면 이상하고 기괴한 생각에서 빠져나올 수 있기 때문이다. 그럴 때는 보통 그림을 그리거나 좋아하는 TV 프로그램을 보거나 글을 쓴다. 무엇을 하든 간에 가만히 누워서 생각하는 것보다는 훨씬 나은 방법이다. 비록 밤을 새는 바람에 피로가 누적되어 다음날이 너무 힘들어져도 말이다.

 불면증 못지않게 심각한 것이 과수면이다. 과수면은 대개 불면증으로 몸이 망가져 있을 때 찾아오곤 한다. 불면증으로 40시간 이상 못 자다가 40시간 이상 자는 식의 패턴이 반복된다. 그러나 이러한 패턴이 아니더라도 과수면이 찾아오는 수도 있는데, 주로 걱정이 많거나 하기 싫은 일을 해야 할 때 빈번히 발생했다.
 굉장히 오랫동안 준비했던 자격증이 있었다. 지금 그 직종의 전문직으로 일을 하고 있고, 앞으로 그쪽으로 사업을 유지할 계획이라 그 자격증을 무조건 따야만 했다. 하지만 번번이 시험에서 떨어졌고, 그 때문에 시험에 대한 압박은 날이 갈수록 심해지고 있었다.
 자격증 공부를 하면서 시험이 3주 정도 앞으로 다가오면 나는 입력된 패턴을 수행하는 것처럼 과수면에 빠졌다. 일어나면 공부를 열심히 하고 시험에 합격해야 하는데, 그걸 못할 것 같으니 현실에서 도피하는 것이다. 선생님은 내 몸에서 보내는 첫 번째 위험 신호이며, 나의 방어 기재가 수면으로 나타나는 것이라고 했다.

    짧게는 48시간, 길게는 60시간 가까이 물 한 모금 마시지 않고, 화장실도 가지 않고 잠을 잔다. 몸이 몇 배가 불어난 것처럼 일어나기가 힘들어지고, 눈꺼풀은 그보다 더 무거워서 떠지지 않는다. 잠깐 깼다가도 아무것도 생각하기 싫다는 생각이 온 정신을 지배해 나도 모르게 다시 잠에 빠진다. 박차고 일어나야 한다는 걸 알지만 손가락 하나도 움직일 힘이 나지 않는다. 내 몸이 통제가 되지 않는다. 가위에 눌린 것처럼 몸 위에 커다란 돌덩이가 올려져 있는 기분이다.

    지금은 프리랜서라 일하는 시간이 비교적 자유로워서 감당이 가능하지만 회사 생활을 할 땐 이 과수면이 늘 문제였다. 두세 달에 한 번씩 오는 과수면 때문에 나는 늘 게으르고 책임감 없는 사람으로 회사 사람들에게 낙인이 찍힐 수밖에 없었다. 아프다는 핑계로 당일에 출근을 못하는 무단결근이 반복되는데 그걸 이해해 줄 사람은 없으니 말이다. 다행히도 친하게 지냈던 상사가 있었는데, 그분은 내가 정신과 약을 복용하고 현재 치료 중이라는 걸 알고 있었다. 그 덕분에 그나마 회사 생활을 잘 마칠 수 있었다. 몸이 아프면 병원에서 진단서라도 받을 수 있지만, 정신이 아프면 진단서도 나오지 않는다. 아픈 것도 서러운데 남들이 알아주지 못하는 병이라 더 억울하다는 감정도 들었다. 그래서 나는 불면증보다 과수면이 더 무섭다. 불면증은 나만 힘들면 그뿐이지만, 과수면은 일상생활에 큰 영향을 미치기 때문에 더욱 불안하다. 대학생 때 내가 조장을 맡아 조별 과제를 진행했는데, 막상 그 과제를 하던 날 잠에서 깨지 못해 조원들에게 피해를 준 적이 있다. 다행히 착한 조원들을 만나서 내 이름을 지우지 않고 감독으로 올려줬었다. 나는 그때를 생각하면 지금도 많이 창피하고, 미안하다.

또 다른 문제는 식사를 하지 않고 단식 상태로 계속 잠을 자니 몸도 망가져 가고 체력도 급격히 나빠졌다는 것이다. 과수면에서 깨어나면 자괴감과 자책감이 엄청나게 밀려온다. 해야 했던 일을 못한 것, 또 스스로를 통제하지 못하고 정신병에 굴복당했다는 것이 견디기 힘들었다.

나는 이 과수면 때문에 직장에 꽤 많은 거짓말을 했었다. 그중에서 가장 큰 거짓말은 맹장이 터졌다는 거짓말이었다. 그 회사는 아파서 결근한다는 것은 질내로 인정이 안 되는 분위기여서, 일어나자마자 피가 나도록 손톱과 발톱을 뜯으며 고심 끝에 내린 결론이었다. 물론 그 거짓말을 하자마자 잘못되었다는 걸 바로 깨달았지만 이미 뱉은 말은 주워 담을 수가 없었다. 당장 상황을 수습하기 위해 비이성적인 사고로 만들어낸 거짓말들을 스스로 감당하지 못해 나는 퇴사와 이직을 많이 했었다. 예전에는 이런 식의 일이 생기면 우울감이 상당히 오래 지속되어서 큰 문제가 되었지만, 요즘은 생각을 가볍게 하며 빨리 일상적인 기분을 되찾기 위해 노력한다.

'다시는 이런 일이 없을 거라고 생각하기보다는, 같은 상황이 온다면 빨리 극복해 내는 게 중요해.'

당장 손에 잡히는 것부터 시작하며 밀린 일들을 해내면 기분이 한결 괜찮아진다. 요즘은 규칙적인 생활 패턴을 찾기 위해 노력하고 있다. 물론 노력을 한 지는 꽹장히 오래됐고 매번 실패를 반복하고 있지만 결국은 나 자신을 믿는다. 언젠가는 불면증과 과수면을 극복하고 내가 원하는 시간에 자고 내가 일어나고자 하는 시간에 기상할 수 있을 거라고 말이다.

이런 믿음과 노력이 쌓여가다 보면 다른 모든 것들이 차차 나아진 것처럼 수면장애도 차차 좋아질 것이라 생각한다. 그래서인지 나는 "잘 자."라는 안부 인사를 매우 좋아한다. 잘 자, 라는 말 안에는 그 사람의 하루에 대한 위로이자 안부가 담겨 있다고 생각하기 때문이다. 앞으로 더 많은 사람들에게 잘 자, 라고 인사하고 싶다. 그러면 나도 언젠가는 잘 자는 사람이 될 수도 있을 테니까.

∞ 외모에 대한 지나친 강박

나는 폭식증을 앓던 시기에 체중이 지나치게 많이 나가는 편은 아니었다. 지금 생각해 보면 딱 적당한 체중이었는데, 그 당시에는 내가 너무 뚱뚱하다고 생각했다. 이런 생각은 수많은 사람들의 영향을 받았기 때문이었을 것이다.

우선 엄마 이야기를 안 할 수가 없다. 엄마는 외모지상주의에 완벽하게 물들어 있는 사람이다. 남들을 항상 외모로 판단을 하고, 비난할 때도 외모를 비하한다. 식당을 가서도 "저 여자 좀 봐. 뚱뚱해서는 술을 저렇게 많이 먹어." 같은 말을 일상어처럼 쓴다. 요즘에는 동생과 내가 사람을 겉모습만으로 평가해서는 안 된다고 주구장창 경고하고 있어서 조금 줄어들긴 했으나 여전하다. 그런 엄마 때문에 나는 어릴 때부터 사람은 마르고 예뻐야 한다는 강박관념이 있었다.

20대 중반, 친구와 강남에 있는 클럽에 놀러 간 적이 있었다. 2차 자리까지 합석이 이어졌는데, 여자는 나와 친구, 어떤 아름다운 여성분, 그리고 남자 셋이었다. 남자들은 대놓고 우리의 외모를 평가하기 시작했다. 성형을 했니, 안 했니, 하는 구시대적인 말을 하던 중 한 남자가 나에게 말을 건넸다.

"넌 성형했어? 아니지. 딱 봐도 안 한 얼굴이다."

 그러면서 쯧쯧 혀를 찼다. 그날의 충격은 아직도 생생하게 떠오르고, 받았던 모욕감은 난생처음 느껴보는 것이었다. 그래서 적절한 대응을 하지 못한 게 아직도 화가 난다. "너나 거울 좀 보고 살아!"라고 한마디 쏘아붙일 것을 두고두고 후회가 된다.
 또한, 대학 시절에는 영화과를 다녀서 연기 전공인 친구들을 만날 기회가 많았는데, 그들은 키가 크고 날씬하다 못해 너무 말라서 정상인 내가 되레 뚱뚱하다며 비교당하기 일쑤였다. 그땐 성인지감수성이 널리 알려지기 전이라 그런 식의 비하 발언을 숱하게 들었었다. 이런 다양한 상황들을 겪으며 내가 얻게 된 것은 외모에 대한 지나친 강박이었다.

 나는 지금도 특정 몸무게를 유지하는 데 집착이 심하다. 주기적으로 체중계에 올라가 몸무게를 확인하고, 늘어나지 않은 몸무게에 안도의 한숨을 내쉰다. 지금 내 체형은 20대 초반 때보다 많이 빠져서 지인들이 너무 말랐다며 살 좀 찌라고 말할 정도이다. 하지만 그런 말조차도 외모에 대한 평가인 것을 사람들은 모르는 것 같다. 아무튼 나는 현재 내 몸무게와 외모에 만족한다. 중요한 건, 이 상태가 유지되는 한에서만 만족한다는 것이다.

회사 생활을 할 때 건강이 너무 좋지 않아져서 살을 일부러 찌웠던 적이 있었다. 어른들은 보기 좋아졌다고 칭찬을 많이 해주셨고, 친구들도 이 상태를 유지하면 좋겠다며 바뀐 내 체형을 몹시 마음에 들어 했다. 하지만 나는 거울을 볼 때마다 내가 너무 싫었다. 옷들이 죄다 맞지 않아져서 입을 수 없는 것도 싫었고, 사진을 찍을 때 얼굴이 부하게 나오는 것도 싫었다. 그 시기에 내 자존감은 굉장히 낮았었고, 나를 사랑하지 않는 수준을 넘어 혐오를 할 지경이었다.

게다가 살이 쪄도 건강에 그다지 도움이 되지도 않았기에 나는 다시 내가 원하는 체중까지 살을 뺐다. 복용하던 약의 부작용으로 살이 찌기도 했는데 약을 바꾸니 살이 빠지기 시작했다. 시간이 흘러 원하는 몸무게를 찾으니 나에 대한 만족감이 찾아왔다. 내가 나에게 주는 조건부 사랑인 것 같다. 나 자신을 온전히 사랑할 수 있는 날이 오면, 살이 찐 내 자신도 사랑할 수 있을까? 잘 모르겠다. 조건부 사랑이라는 게 좀 걸리지만 마른 몸일 때 나를 사랑할 수 있다면 나는 앞으로도 체중을 조절할 생각이다. 운동을 통해 건강을 유지하면서 말이다.

나는 객관적으로 말하자면 못생긴 편도 아니고, 잘생긴 편도 아니다. 호불호가 많이 갈리는 외모이기 때문에 누군가는 나를 보고 굉장히 예쁘다는 말을 해주기도 한다. 정말 고마운 일이다. 하지만 누군가는 나에게 대놓고 "니가 이쁘다고 생각해?" 혹은 "니가 어떻게 생겼다고 생각하는 거야?"라고 수치스러운 말을 뱉기도 했다. 그런 어중간한 외모 때문에 나는 항상 사람들의 입방아에 올라야했다. 20대 초반까지만 해도 사람들의 관심을 좋아하는 관종이어서 선배들이나 동기들, 친구들에게 끼를 많이 부리고 쉽게 다가가고 친절하게 구는 성격이었다. 그렇기에 많은 사람들의 사랑을 받음과 동시에 많은 사람들의 미움도 받았다. 그들이 나를 좋아하고 싫어하는 것에는 여러 이유가 있었겠지만 나는 외모에 대한 평가에 극도로 예민했고 결국은 강박증까지 오고야 만 것이다. 정말 다행스러운 것은, 내가 남의 외모에 대해서는 그다지 신경을 쓰지 않고 살고 있다는 점이다. 과거의 경험을 토대로 의식적으로 타인의 외모를 평가하지 않으려고 노력한다. 외모 평가를 받는 것은 정말 불쾌하니까. 물론 나도 어릴 때는 타인의 외모를 가지고 뒷담을 하기도 했었다. 남들이 그러니까 그래도 되는 줄 알았다. 하지만 어느 순간부터 겉모습만으로 사람을 판단하는 것은 저급한 일이라는 것을 깨닫고 조심하게 되었다. 그럼에도 불구하고 SNS에 올라오는 성형 전후 동영상들을 보면 가끔 성형이 너무 하고 싶다는 생각이 들 때도 있다. 하루이틀이 지나면 그 마음이 사그라들어서 다행이지만 말이다.

몸무게를 줄이면 만족감을 얻을 수 있다는 생각은 위험하고 극단적이며, 외모에 대한 과도한 의식은 자존심 부족의 표현일 수 있다. 내적인 만족감을 찾는 것이 중요한데, 외모에 집착하는 것은 내 한계라는 생각도 든다. 나를 비롯하여 외모에 대한 평가 없이 있는 그대로의 모습을 사랑하는 사고방식이 널리 퍼졌으면 좋겠다는 바람이다.

∞ 성인 ADHD, 남들보다 바쁘게 살아가는 하루

어릴 때부터 하고 싶은 게 유달리 많았다. 중학교, 고등학교 시절 성적도 나쁘지 않았기 때문에 승무원이 되고 싶었다. 하지만 내 작은 키로 인해 도전해 보지 못했다. 다음으로 찾은 꿈은 연기였다. 그래서 연영과에 진학하고 싶었지만 객관적으로 평가했을 때 내 연기는 썩 좋지 않았다. 다행히도 한 대학의 영화과에 연기 전공으로 합격하게 되었고, 영화 제작 수업에서 내가 쓴 시나리오가 채택되어 시나리오를 쓰고 영화를 연출할 기회가 생겼다. 이 경험을 통해 글쓰기에 대한 즐거움을 발견하게 되었고, 책도 많이 읽게 되었다. 그런 시간들을 거쳐서 결국 문학이 하고 싶다는 결론에 이르렀다.

하지만 작가를 꿈꾸면서도 내가 먹고살아야 할 방법을 마련해야 했다. 가정이 가난한 상황이었고, 글을 쓰는 데 지원해 줄 사람이 없었다. 그래서 내가 가장 하고 싶었던 꿈을 마음에 품은 채, 직업을 갖기 위해 필요한 자격증을 취득하기 위해 노력하기 시작했다.

그러던 중 속기사라는 직업이 눈에 들어왔고, 피나는 노력 끝에 다른 이들보다 앞서 자격증을 취득해서 현장에서 많은 경험을 쌓을 수 있었다. 지금 이 글을 쓰는 이유도 마침내 속기사 1급 자격증을 획득하여 글을 자유롭게 쓸 수 있게 된 결과이다. 여러 전문 직종을 경험한 것은 꿈을 향해 나아가는 과정이었다.

 사람들은 종종 한 분야를 깊게 파야 성공한다고 말한다. 하지만 오래도록 한 가지에 집중하는 것이 너무 어렵다. 처음에는 집중력이 부족하거나 산만한 성격 때문이라고 생각했다. 하지만 정신과에서 상담을 받아보니 성인 ADHD라는 원인을 알게 되었다. 한 가지 것에 몰입할 수 없는 태도는 성인 ADHD의 대표적인 특징이다.
 나의 하루는 정신없이 돌아간다. 업무 시간을 제외하면 블로그를 썼다가, 글을 썼다가, 영상 편집을 했다가, 사진 찍을 구성을 생각하기도 한다. 이 글을 쓰는 와중에도 갑자기 미역국이 먹고 싶어서 미역국을 끓였다. 그러나 넷플릭스에서 재미나 보이는 영화를 발견해 재생도 했다. 10번은 넘게 일시 정지를 눌렀다. 그 후, 계획이 세우고 싶어져 다이어리를 꺼내서는 하고 싶은 일을 적었다. 내 하루는 전반적으로 이러하다. 하고, 하고, 또 하다가도 해야 할 일이 생각나곤 한다. 정신없이 바쁜 하루를 보낸 것 같지만 막상 돌아보고 나면 오늘 하루 뭘 했는지 모르겠는 경우가 늘상 이어졌다.
 글쓰기도 마찬가지다. 에세이를 쓰다가도, 중간에 다른 생각이 떠올라 인터넷에 글을 올리거나 SNS에 글을 쓰기도 하고, 때로는 공모전에 도전하기도 한다.

취미 생활 역시 굉장히 많다. 내 취미는 블로그 운영, 유튜브 채널 운영, 이모티콘 그리기, 셀프 사진 찍기 등 다양한 것들로 뒤섞여 있다. 그러다 보니 즐기는 취미 생활이 아닌 무언가 처리해야 하는 업무로 느껴질 때도 있다. 꼭 고장 난 폭주 기관차 같다.

매 순간, 나는 나 자신과 싸운다. 하던 일을 마무리 짓지 못한 채 다른 일을 하게 되면, 마음속으로 외친다. 새로운 것에 눈 돌리지 말고 하던 일을 계속해! 하지만 그렇게 행동하지 못할 때 맛보는 자책감은 꽤 쓰다. 매 순간 나와의 싸움에서 지고, 자책감을 느끼고 만다.

내 스스로 인생을 살아가려면, 그 자책감을 없애야 한다고 생각했다. 그러려면 긍정적인 마음이 너무도 간절했기에 현재의 상황을 달리 해석해 보고자 노력했다. '하던 일'을 이어가지 못했을 뿐 다른 일을 진행했으니, 그 부분을 칭찬하면 어떨까? 오늘보다 내일에 좀 더 진전되어 있음을 응원하면 어떨까? 이것은 내 자존심이기도 했고, 날 향한 굳은 믿음이기도 했다.

그렇게 생각을 바꾸니 훨씬 나은 상황이 펼쳐졌다. 한 번에 여러 일을 하는 나 자신은 변한 게 없었지만, 내 마음가짐과 상황은 변해 있었다. 아주 큰 깨달음이었다.

여러 개의 우물을 파더라도 끝까지 포기하지만 않는다면, 언젠가는 물이 보일 것이라는 믿음. 여러 개의 구멍 중에 어느 한 곳이라도 물줄기가 시원하게 터져 나올 것이라는 확신. 그렇게 나를 신뢰하다 보니 되레 내가 가진 성인 ADHD 증상을 좋아하게 됐다. 또한, 하고 싶은 건 모두 저질러 보는 추진력과 노력도 인정하게 되었다.

언젠가는 이 모든 수고가 쌓여 충분한 결과물로 나타날 것이다. 그래서 나는 기어코 결승점을 찍을 것이다. 내가 자신만만 할 수 있는 건, 이제는 알기 때문이다. 그 믿음을, 믿어 의심치 않는다.

∞ 어떤 일이든 금방 싫증을 느껴요

성인 ADHD인 나는 업무를 제외하고는 한 가지 일을 2시간 이상 하지 못한다. 단기적인 산만함의 원인은 ADHD 때문이라고 알고 있다. 하지만 내 삶을 전체적으로 돌아보면 나는 장기적으로도 한 가지 일을 하는 것에 빠르게 싫증을 느낀다.

20대 때부터 내 직업 변화는 다양했다. 머리를 쓰는 일에서 몸을 쓰는 일을 반복했다. 이걸 하면 저게 좋아 보이고, 저걸 하면 이게 좋아 보였다. 나에게 맞는 직업이라는 게 도무지 없는 것처럼 느껴졌다. 그러다 파랑새 증후군이라는 용어를 접하게 됐다. 누군가 내 생활을 훔쳐보고 쓴 것이 분명하다는 착각이 일 정도로 완벽하게 나의 이야기였다.

파랑새 증후군에 대한 몇 가지 증상은 다음과 같다.
1. 현실을 생각하면 의욕이 없고 피로가 몰려온다.
2. 현실을 부정하고 싶을 때가 많다.
3. 늘 이상을 꿈꾸고 설레어한다.
4. 이상에 대한 생각이 늘 머릿속에 있다.
5. 내 미래 혹은 꿈에 대해 장담하고 언젠가 그렇게 될 것이

라고 생각한다.

   많은 증상이 있지만 한마디로 정리하면 파랑새 증후군이란 현실에 만족하지 못하고 늘 이상을 좇는 것을 의미한다.
   실제로 요즘 직장인들의 잦은 이직의 원인이 파랑새 증후군인 경우가 많다고 한다. 나는 편집 디자이너, 캐디, 직업 상담사, 바리스타, 속기사 등 전혀 비슷하지 않은 직종에서 수많은 경험을 했다. 지금이야 더 이상 직업을 바꿀 체력도, 의지도 없어서 속기사라는 직업에 안착했지만, 이 직업을 유지하면서도 혼자서 일하는 건 맞지 않다는 생각에 사람들과 소통할 수 있는 바리스타를 투잡으로 했던 적이 있다. 하지만 인간관계에 시달려 다시금 그만둔 적도 있다.
   한편으로는, 나의 성향을 파랑새 증후군이란 틀에 가둘 필요는 없다는 생각이 들기도 한다. 내 적성에 맞는 직업을 선택하기 위해 다양한 경험을 쌓는 건 무릇 모든 이에게 해당될 테니 말이다. 게다가 이상적인 목표를 추구하는 것이 현실 추구를 방해한다는 것도 아니다. 개인의 성향과 적성을 고려하여 다양한 직업을 경험해 보는 것은 모든 사람에게 도움이 될 수 있다. 그러니 파랑새 증후군이란, 이상적인 목표를 추구하는 데 초점을 두는 것보다 현재를 부정한다는 점에 초점을 두고 이해해야 할 것 같다.

나는 현재를 부정하고 있나? 그건 아니다. 가끔은 로또에 당첨돼서 더 이상 일은 안 하고 평생 글만 쓰며 살았으면 좋겠다는 터무니없는 생각을 하지만, 나는 다행히 좋은 직업을 찾았고 내 일을 사랑한다. 글을 쓸 시간이 부족한 게 아쉽지만 현재의 내 삶에 만족한다. 여전히 모든 일에 싫증을 자주 느끼지만 말이다.

현대 사람들의 자존감이 낮을 수밖에 없는 이유에 대해 한 정신과 의사가 이렇게 말했다.

"하고 싶은 것은 못하고 해야 하는 것만 하며 살아왔기 때문이다."

그리고 자존감이 높아질 수 있는 방법에 대해서는 이렇게 말했다.

"해야 되는 것 말고 하고 싶은 일을 해라."

남들이 나를 어떻게 보든 상관없이 내가 하고 싶은 일을 통해 행복을 찾아야 한다는 것이다. 가족, 친구, 직장 동료, 누구라도 눈치를 보지 말고 내가 하고 싶은 대로 살아야 행복을 찾을 수 있다. 마치 누군가의 인형처럼 살지 말고, 내 삶을 주체적으로 살아가며 나 자신에게 충실해야 한다는 것이다. 이 말을 듣고 나니 마음이 가벼워졌다. 앞으로는 더욱 나 하고 싶은 대로 살아가고 싶고, 그렇게 할 것이다.

∞ 노력은 원래 불공평하다

　10대 때는 좋은 성적을 받고 싶으면 공부만 열심히 하면 됐다. 열심히 노력하면 그만큼의 결과가 따라왔기에, 딱히 힘들거나 억울할 게 없었다. 하지만 20대가 되자 노력은 참으로 불공평하구나를 깨달았다. 태어난 가정환경, 부모의 부유 정도, 그리고 각자 가진 재능을 보아 우리 모두는 각자 다른 출발선에 서 있다는 것을 성인이 되고 나서야 체감할 수 있었다.

　갖고 태어난 게 없을수록, 환경이 불행할수록 더 많은 희생과 억울함과 서러움을 견뎌야 했다. 내가 가장 좋아하는 연예인 아이유가 "아무 일도 없을 때, 아무 걱정도 없을 때가 가장 행복하다."라는 말을 했다. 그 말을 듣고 당분간 뇌가 정지된 것처럼 꼼짝도 하지 못했다. 내가 평생 동안 아무 걱정이 없었던 순간이 있었나? 아무 일이 없던 때가 있었나? 그런 적이 없다는 생각이 들자 이러니까 나는 행복할 수가 없는 거야, 라는 극단적인 사고로 자연스레 이어지기도 했었다.

　얼마 전 SNS를 보다가 요즘 잘나가는 아이돌 피드를 보게 되었다. 별 생각 없이 업로드 된 사진을 넘기던 중, 익숙한 얼굴을 발견했다. 예쁜 외모를 가지고 있었지만 연기에는 흥미를 보이지 못했던 대학 동기가 그 사진 속에 있었다. 그 친구의 인성은 별로였지만 외모는 기가 막히게 예뻤다.

'아, 그렇구나. 둘이 친한가 보다.' 하고 넘겼으면 그만인 것을, 그 친구의 계정으로 흘러 들어가 염탐하기 시작했다. 수많은 팔로워들을 가진, 흔히 말하는 셀럽이었다. 특출난 재능이나 끈질긴 노력파는 아니었던 것 같은데, 타고난 외모로 잘 먹고 잘 사는 것 같아서 며칠 내내 기분이 좋지 않았다. 그 친구를 시샘하거나 싫어한 적이 없는데, 그 SNS를 보자 너무 배알이 꼴렸다. 그리고 언제나 그렇듯 자책감이 뒤따라왔다. 이 친구가 어떤 삶을 살았을지 알지도 못하면서, 되레 많은 노력을 하며 살았을지도 모르는데 나는 왜 남을 함부로 판단하는 것일까? 그런 자괴감이 들자 빠른 속도로 우울감에 빠졌다.

그럼에도 내가 말하는 노력은 공평하지 않는다는 것은 실로 맞는 말이다. 타고난 외모, 타고난 부, 타고난 재능을 가진 이들을 그렇지 않은 이들이 넘어서기란 힘들다. 나는 가난한 집에서 태어났고 외모가 수려하지도 않으며 타고난 재능이 있지도 않다. 모든 탓의 끝에는 내가 있다. 결국은 또다시 모든 게 내 잘못인 것 같은 과오에 빠져 자책한다. 나는 왜 이렇게밖에 못 살았지? 결국은 낮은 자존감이 나를 또 추락하게 만든다.

우울의 늪에서 며칠을 앓았던 나는 정신과 상담을 갔다가 이대로 있으면 안 되겠다는 생각이 들었다. 그래서 진정 원하는 게 무엇인지에 대해 심각하게 고민해 보았다. 그러자, 어느 누가 봐도 '저 사람은 인생을 열심히 살고 있구나!'라는 인정을 받고 싶다는 마음이 보였다. 그리고 그 수단으로 가장 하고 싶고 할 때마다 즐거운 '글쓰기'가 떠올랐다. 천재적인 글솜씨로 단번에 베스트셀러 작가가 되진 못하더라도 꾸준히 글을 써서 성공한 길을 가고 싶다. 그 결론에 이르자, 며칠 동안 악몽처럼 나를 따라붙었던 우울감에서 해소가 될 수 있었다.

노력은 원래 불공평하다는 사실을 있는 그대로 받아들이기로 했다. 불공평하다는 사실에 좌절해서 도전조차 해보지 않는 바보가 되고 싶지는 않다. 그 친구도 남모르게 많은 도전을 이겨내고, 노력했을 것이다. 그 크기나 정도에는 차이가 있을지언정 결국 타고난 재능을 살리는 것은 그 사람의 노력에 의한 것이다. 몇 번이고 실패하고 넘어져도 다시 일어나서 노력한다면 그 시기가 아주 많이 늦을지라도, 아주 늦게 결과가 온다고 해도 나는 끝내 원하는 바를 이룰 수 있을 것이다.

생각을 고쳐먹으니 우울함이 사라졌다. 남이 성공하든 실패하든, 내 할 일이 바빠졌다. 그래, 결국은 나를 위해 최선을 다해 살아가는 것이 가장 중요하며, 그 노력에 성취감을 느낄 때 내 자존감도 올라갈 것임을 알고 있다. 그러니까 잠시 주저앉아 있었던 만큼 다시 달리자! 좌절하고 의기소침해져서 남의 인생을 부러워할 시간에 내가 할 수 있는 일에 더욱 집중하는 것이 최선의 방법이자, 유일한 해결책이다.

∞ 알코올 의존증, 술 없이는 잠을 못 자겠어요

나는 술을 좋아한다. 쓸데없는 생각을 차단하고 가라앉아 있는 분위기를 상기시켜 줘서 기분이 좋아지기 때문이다. 술로써 하루의 피로를 풀 수 있다는 착각에 빠지기도 해서 피곤한 날은 유독 술을 찾았다. 문제는, 적당히 마시지 않는다는 점이었다.

술을 찾는 빈도가 잦아지고, 어느새 술을 마셔야 잠들 수 있는 게 일상이 되었다. 오늘 밤은 꼭 술을 마시지 말아야지 굳은 결심을 해도, 해가 지고 어둠이 찾아오면 모든 게 희미해지곤 했다. 잠을 푹 자고 싶으니 딱 한 잔만 마셔야겠다, 라고 스스로에게 터무니없는 변명을 해대며 어떻게든 술을 먹었다.

그런 날들이 반년 넘게 이어지고 나서야 내가 알코올 중독이라는 것을 인정하게 됐다. 정신과 상담 때 선생님에게 고백하자 알코올과 비슷한 성분을 내는 약을 처방받을 수 있었다. 단번에 끊으려 애쓰지 말고 점차 줄이라는 조언과 함께. 하지만 그 약은 내게 별로 효과가 없었다. 나는 술이 마시고 싶은 게 아니라 술에 심리적으로 의존하는 상태였기 때문이다.

술에 대한 집착이 더욱 심해지자 점차 두려워졌다. 하루라도 빨리 단단한 결심과 실천이 필요했다. 이를 악물고 두 달 동안 금주를 했다. 1일 차부터 힘들었고, 2일 차에는 더욱 힘들었고, 3일 차에 미칠 것 같은 밤을 버텼더니, 4일 차부터는 괜찮아졌다. 알코올 중독 수준이었던 내가 결심 한 번으로 금주에 성공하다니! 아, 나는 마음만 먹으면 뭐든 할 수 있구나, 싶은 생각에 고무되었다.

금주에 자신감이 붙었을 즈음, 애인과 여행을 가게 됐다. 여행지에서의 첫날 밤, 분위기에 취해 술잔을 들고 술을 따랐다. 뭐, 오늘만 먹고 내일부터 다시 금주하면 되지. 난 마음만 먹으면 뭐든 이뤄낼 수 있다는 자신감에 도취되어 술을 다시 입에 댔다.

결국 알코올 의존증이 예전보다 심해졌다. 그 후로는 조금이라도 감정이 가라앉거나 딱히 할 일이 없을 때면 불안하고 초조해져서 술 생각을 떨쳐내기 힘들었다. 나는 선천적으로 간이 좋지 않아서 술을 마신 다음 날이면 생활에 지장이 있을 정도였다. 그날은 하루 종일 잠에 빠지거나, 깨어 있어도 컨디션이 좋지 않아서 계획했던 하루를 보낼 수 없다. 그걸 알면서도 술을 마시는 내 자신이 너무 한심하고 답답했다. 모든 게 술 때문이라는 걸 인지하고 있으면서도 그 술 하나를 끊지 못한다는 것에 자책감이 심하게 느껴졌다. 효과가 별로 없는 약은 더 이상 처방받지 않게 되었다.

술을 마셔야 된다는 강박과 집착에서 벗어나기 위해 여러 가지를 시도했다. 운동을 하거나, 야식을 먹거나, 책을 읽거나, 억지로라도 글을 썼다. 취미가 많은 게 큰 도움이 되었다.

그리고 금주를 하겠다는 생각을 버리기로 했다. 내일부터 금주를 하겠다고 결심하면, 오늘 밤에는 폭주를 하게 되기 때문이다. 얼마나 처참하게 왜곡된 생각인가. 금주를 계획하고 실패한 뒤 다시 술을 마시는 패턴이 반복될수록 자괴감만 깊어진다. 비단 금주만이 아니고 모든 상황이 그런 것 같다. 공부를 하겠다는 결심, 다이어트를 해야겠다는 결심, 어떠한 계획을 세워놓고 집착을 하면 실패로 이어질 확률이 높다는 것을 체감했다.

술을 마시지 않겠다는 결심보다 술에 대한 생각을 최대한 안 하도록 애썼다. 매번 금주를 결심한 후 실패를 맛보기보다 스스로 조절할 수 있을 만큼만 적당히 술을 마시자고 결심하니 이루기가 훨씬 수월했다.

현재 술에 대한 의존도가 완전히 없어진 건 아니다. 아직도 나는 술과의 싸움을 하고 있다. 하지만 금주해야 한다는 끊임없는 압박을 덜어내고, 오늘 하루만 잘 참아 넘기자고 편하게 생각하니 술을 마시는 일수가 줄어들었다. 또한, 술을 마시더라도 다음 날의 계획에 지장이 가지 않도록 하자, 라고 가볍게 생각하니 양도 조절할 수 있게 되었다.

가장 중요한 점은 무엇이든 강박적으로 시도하면 실패하게 된다는 것이었다. 이것은 알코올 의존증이 아니라 다른 삶의 영역에서도 큰 깨달음이 되었다. 스스로를 무리하게 몰아붙이지 말고 타협하는 방법을 터득하자. 그리고 나를 있는 그대로 인정하는 것 역시 중요하다.

나는 술을 좋아하는 사람이고, 술을 먹으면 마음이 편안해지고 즐거워지기 때문에 술을 적당히 즐기는 사람으로 살아가고 싶다. 앞으로도 금주할 생각은 전혀 없다. 술은 내 취미 생활 중 하나이고, 내가 좋아하는 것 중에 하나라고 인정하기 때문이다. 다만 건강과 생활에 무리가 가지 않는 선에서, 술을 즐기면서도 알코올에 지배당하지 않고 적절히 조절할 수 있도록 노력할 것이다.

술을 단 하루라도 안 마시는 게 힘들다면, 금주를 결심하는 대신 술에 대한 강박과 집착에서부터 벗어나는 게 우선이다. 다시는 술을 마시지 않겠다는 불가능한 결심을 하는 것보다, 마지막 한 잔은 버리겠다거나 적어도 이틀에 한 번으로 빈도를 늘리는 등 실천할 수 있는 범위의 약속을 정해서 지키는 것을 추천한다. 이것이 절주에 더욱 큰 도움이 된다.

∞ 단약을 하지 않기로 결심했다

 약물 치료를 시작한 지 4년이 넘어가자 서서히 끊어야겠다는 생각이 자연스레 들었다. 약을 복용하기 시작할 때부터 이것은 평생 복용이 아니니 치료가 끝나면 단약을 하겠다고 생각했다. 그랬기에 상태와 증상이 호전되어 마음이 건강해짐을 느끼자 약을 줄여야겠다는 생각이 들었다.
 내가 정신과에 다니면서 상태가 호전되자 동생도 같은 정신과를 다녔다. 동생은 나보다 빠르게 우울증을 극복했고 병원에서도 완치 판결을 받아서 단약을 했다. 그래서 나 역시 단약을 해야겠다고 말하자 동생은 완강하게 반대했다. 이유는 본인이 단약을 한 이후로 너무 힘들었고, 우울증이 재발했다고 말했다. 그러면서 중독성이 있거나 몸에 해로운 이상 반응이 있는 게 아니라면 굳이 단약할 필요가 있느냐고 되물었다. 동생은 단약을 하고 나서 '나 이 정도로 정신병이 있었구나. 약을 먹고 있는 동안 괜찮아서 몰랐었던 거였어.' 하는 생각을 많이 했다고 했다. 나는 당연히 우울증이 나아지면 단약을 하는 것이라고 생각을 해왔었는데 동생과 이야기를 나누고 전혀 새로운 관점으로 생각을 하게 되었다.

나는 현재 처음 정신과를 찾았을 때보다 비교도 할 수 없을 정도로 우울증과 불안증이 나아졌고, 식이장애와 수면장애도 내 삶의 질을 저해하는 수준이 완화되었다. 그 외에 공황장애, 성인 ADHD, 알코올 의존증 등 셀 수 없이 많았던 정신병적인 증상들이 많이 호전되었다. 약물 치료를 중단하고 다시 예전과 같은 상태로 돌아가게 되면 어떨까, 라는 생각을 떠올리는 것조차 무서울 정도로 예전의 내 모습이 너무 버겁고 힘들다. 약을 평생 먹어야 한다고 할지라도 지금의 내 상태와 마음의 안정을 유지하고 싶은 생각이 더 크다.

혈압에 이상이 생기면 평생 혈압 약을 복용하면서 혈압을 관리해야 한다는 말을 들은 적이 있다. 같은 관점에서 생각해 보면 정신병도 단약을 서두를 게 아니라 약을 복용하면서 평생 관리하는 게 맞지 않을까? 내 생각을 애인과 친구들에게 전달하니 그들 역시 동의하며 평생 약을 복용해도 전혀 문제가 없다고 응원해 주었다. 병이 있어서 약에 의존한다는 게 나쁠 것은 없으니까.

항상 머리 한편에는 언제쯤 단약을 해야 하나 고민 아닌 고민이 자리잡고 있었는데, 단약을 할 필요가 없다는 결론에 이르니 오히려 마음이 편안해짐을 느낀다. 그렇다고 정신병이 불치병이라는 뜻은 아니다. 언젠가는 정말로 완치가 되었다면 스스로 치료를 중단할 수도 있지만, 굳이 빠른 시일 내로 이루기 위해 애쓰고 부담 가질 필요가 없다는 말이다.

    우울증 치료는 생각보다 오랜 시간이 필요하다. 한 번 겪고 나면 면역력이 생기는 게 아니라 오히려 다시금 우울증에 빠지기 쉽다. 내 감정의 골이 깊게 파였으니 그 골을 메웠다고 한들 다시 파는 게 쉬워지는 것이다. 그래서 우울증과 불안증, 다른 기타 정신병은 단기간에 치료되는 게 아니므로 인내심과 오랜 시간적인 여유를 가지고 치료를 시작하는 것이 옳다. 어쩌면 평생토록 치료를 해야 할지도 모른다는 각오를 가져야 한다. 그게 내가 살기 위한 방법이라면, 내가 나아질 수 있는 방법이라면 마음을 조급하게 먹을 필요는 없을 것이다.

    오래 아팠던 만큼 그보다 곱절은 더 오랜 기간이 걸려도 내가 나아지고 있다는 것이 제일 중요한 사실이다. 그러니 섣부르게 판단하지 말고 내가 충분히 회복되었다고 느낄 때까지 나는 치료를 중단하지 않을 것이다.

2장
가족, 빌어먹을 가족

∞ 나는 처음부터 불행할 수밖에 없었다

지긋지긋한 가난이나 부모님의 잦은 부부싸움으로 인한 가정 폭력은 나를 태어난 순간부터 불행하게 만들었다. 평범하지 않았던 가정환경은 나에게 많은 상처를 입혔다. 사람마다 각자가 자란 가정환경은 수천만 가지가 있지만, 남들보다 더 불행하다고 생각했던 이유는 아빠의 차별이 시발점이었다.

나와 동생은 7살 터울이 난다. 동생이 태어나기 전까지는 아빠와의 관계가 나쁘지 않았다. 하지만 동생이 태어나면서 시작된 아빠의 차별 대우는, 내가 소심하고 자존감이 낮게 성장하는 데 결정적인 원인이 되었다. 사소하게는 소시지 반찬을 집어 먹는 나를 향해 인상을 구기는 아빠의 얼굴이 기억난다.

"동생 주려고 만든 건데 왜 네가 먹어."

우리 가족만 있던 게 아닌 이모와 이모부까지 함께 있던 자리에서도 평소처럼 나를 구박하고 차별하는 모습에 이모부는 엄마에게 내가 아빠의 친자식이 아니냐고 조심스레 물었다고 한다. 그만큼 아빠의 억양과 표정에는 나를 멸시하고 싫어하는 티가 가득 담겨 있었다.

그리고 당연하게도 나는 아빠에게 정신적으로만 아니라 신체적인 폭력을 당하기도 했다. 한 번 맞으면 머리에 혹이 나거나 머리뼈 전체가 부어오를 정도로 심하게 맞았다. 그 이유는 굉장히 사소했다. 동생이 사용하던 컴퓨터를 뺏었다는 이유거나, 숙제 준비물을 꺼내기 위해 아빠에게 발을 치워달라고 부탁해서, 혹은 빨래통에 양말을 뒤집어서 넣어놔서 등 기가 찰 정도로 너무 사소한 이유들이었다. 하지만 나는 신체적인 폭력보다도 정서적인 폭력이 너무 크게 상처로 남아 있다.

아빠는 평소에 습관적으로 "너 같은 게 무슨."이라는 말을 자주 했었다. 내가 뭐를 하려고 하거나 뭐가 되고 싶다고 했을 때 종종 그런 말을 들었던 것 같다. 그런 말을 듣고 자란 나는 너무나 자연스럽게 나 자신을 싫어하고 자존감이 낮게 형성될 수밖에 없었다.

나에게 너무나 폭력적이었던 아빠는 동생을 굉장히 사랑했다. 아침에 깨워서 화장실에 데려가 씻기고 옷을 입혀주고 밥을 먹이고 학교를 보냈다. 나는 잘 일어나지 못하면 뺨을 맞고 일어나 혼자 준비를 하고 학교에 갔다. 그 당시에 아빠는 동생은 어려서라는 이유를 댔지만, 동생이 커서도 아빠는 여전히 그랬다. 나와 동생을 대하는 사소한 말 한마디, 행동 하나가 확연하게 달랐다. 처음에는 막연하게 동생이 부럽다고만 생각했는데,

시간이 지나면서 나는 아빠를 증오하게 됐다. 그때부터 나는 죽고 싶다는 생각을 했다.

우리 집은 부모님의 이혼 전까지 엄마가 일을 해서 생계를 유지하고 아빠가 집안일을 했다. 그건 오로지 엄마가 원해서였다. 부모님이 맞벌이를 해서 가사도우미가 우리 집에 상주했던 시기가 있었다. 그런데 내가 싫어해서 가사도우미가 몇 번 바뀌었고, 결국 엄마는 아빠에게 일을 그만두라고 부탁해서 아빠가 집안일을 맡게 된 것이다. 어쩌면 일이 이렇게 된 데는 나의 의견이 어느 정도 반영되었을 것이다.

아빠는 보통의 가정주부처럼 청소를 하고, 빨래를 하고, 음식을 준비했다. 매일매일 다른 국과 찌개를 끓였고, 주말엔 오므라이스나 국수도 해주곤 했다. 아빠는 꽤나 열심히 가정 살림을 도맡아 하고 있었다. 하지만 결벽증이 있는 엄마에게는 아빠의 살림이 마음에 들지 않았을 것이다.

엄마는 늦은 저녁에 일어나 매일 아빠에게 잔소리를 했다. 걸레질을 한 게 맞냐는 둥, 빨래를 왜 이렇게 하냐는 둥, 하나부터 열까지 살림을 지적했다. 아빠가 살림을 시작하고 나서 처음부터 차별과 폭력이 시작된 건 아니었다. 그저 어느 순간부터 아빠의 모든 분노와 스트레스가 나에게로 이어졌을 뿐이다.

엄마는 내가 아빠에게 당하는 폭력을 방관했다. 내 편을 들어주며 아빠와 싸우거나 나를 위로해 줄 때도 있었지만, 결국 엄마는 항상 밤에 밖에 나가 술을 마시고 집에 돌아오면 잠만 잤다. 사람의 성격 형성에 가장 중요한 10대 초반과 중반을 나는 그렇게 누구의 돌봄도 없이 혼자 자랐다. 그러니까 나는 당연히 불행할 수밖에 없었다.

∞ 나는 아빠를 미워하고 싶어

나는 그래서 아빠를 오로지 미워만 하고 싶다. 내가 죽을 때까지 아빠를 찾지 않고 싫어한다고 해도 아빠는 나에게 할 말이 없을 것이다.

고등학교 때 일이다. 생리통이 굉장히 심했던 날, 아빠에게 생리대를 사기 위해 돈을 달라고 했었다. 하지만 아빠는 네 엄마에게 달라고 하라며 콧방귀를 뀌고 비웃듯이 말했고, 나는 아파트 비상계단에 쭈그려 앉아서 엄마에게 전화를 했다. 수화기 너머로 한숨 소리가 들렸다. 그러곤 자주 가는 슈퍼에서 외상으로 생리대를 사오라고 했다. 나는 너무 배가 아프고 울음이 그치지 않아서 동생에게 부탁을 했다. 동생이 외상으로 사 온 생리대를 손에 들고 나는 정말로 죽고 싶었다. 이 일은 결국 부모님이 이혼하는 데 결정적인 사건이 되었다. 우리 가족 모두가 또렷이 기억하고 있다. 하지만 나는 아빠가 이 일을 마음에 담아두고 있을 거라고 생각하지 못했다.

20대가 되어서 아빠와 처음으로 술을 마신 날, 아빠가 나에게 사과를 했다. 그때 생리대를 사주지 않고 너를 힘들게 해서 미안하다며, 나에게 사과를 했다. 너무 갑작스러운 상황이라서 뭐라 대답하지도 못한 채 고개만 끄덕였다. 그러자 아빠는 이해해 줘서 고맙다고 말하며 홀가분한 표정으로 술을 쭉 들이켰다. 아빠에게 그토록 받고 싶었던 사과를 받았는데, 전혀 기쁘지 않았다. 나는 어린 시절 내내 당해온 가정폭력인데, 아빠는 고작 한마디의 사과로 용서받으려 하다니. 내 안에는 분노와 상처가 여전히 남아 있었다.

하지만 시간이 지나면서 아빠의 사과는 자꾸만 내 가슴 깊은 곳을 찔렀고, 점점 아빠를 이해하려는 내가 싫었다. 오로지 혐오하고 미워만 하고 싶은데 자꾸 아빠가 내게 했던 폭력의 이유를 찾게 되는 것 같아서 그런 내가 너무 싫었고, 슬펐다.

아빠는 독박 육아를 했다. 내가 아주 어렸을 때 아빠가 친구에게 전화를 받는 모습을 봤었다. 동창회가 있으니 나오라는 연락을 받은 아빠는 "애 봐야지, 어떻게 니가."라고 말하고는 전화를 끊었다. 하지만 이내 엄마가 자고 있는 방 앞에서 한참을 서성였다. 그 모습은 마치 자고 있는 엄마를 깨워 용돈을 달라고 할 때의 내 모습 같아 보였다. 초조하고 불안해 보였다. 아빠는 방문을 조심스레 열고 들어가서 엄마에게 무슨 말을 건네는 것 같았다. 그때 갑자기 "애들 돌봐야지, 어딜 나가려 해!"라고 소리치는 엄마의 목소리가 들렸다. 방을 나오는 아빠의 표정은 굉장히 쓸쓸하고 외로워 보였다.

아빠는 거의 10년이 넘는 기간 동안 집에서 살림만 하면서 살았다. 내 기억으로는 아빠가 약속이 있어서 외출하거나, 동네 사람들과 어울리기 시작한 게 동생이 초등학교 고학년이 되고 나서부터였다. 그전까지는 오로지 집에서 나와 동생만 돌봤다. 그러다 보니 쌓인 스트레스를 풀 곳이 나밖에 없었을 것이다. 아빠는 엄마를 무서워했고 동생을 사랑했으니까, 화풀이 대상을 찾자면 나밖에 없었다.

그런 아빠에게 동정심이 생기는 것이 나는 미치도록 짜증이 났다. 그건 일종의 가스라이팅이었다. 가스라이팅이 무서운 이유는 바로 가해자가 내가 사랑하는 사람이기 때문에 그 사람이 불쌍하게 느껴진다는 것이었다.

엄마가 이혼을 통보한 날, 아빠는 내 앞에서 처음으로 눈물을 보였다. 아빠는 나를 붙잡고 엄마를 설득해 보라며 눈물을 흘렸다. 나는 아빠가 알아서 하라고 무뚝뚝하게 말했지만, 내 방으로 들어와서는 한참을 울었다. 말 못하는 물고기들에게 정을 주어 온종일 수족관만 들여다보고 있던 아빠가, 매일 장을 봐와서 밥을 차려주던 아빠가, 10년이 넘게 똑같은 슬리퍼만 신고 다녔던 아빠가 생각나서였나 보다. 나를 그토록 힘들게 하고 내 인생을 철저하게 불행하게 만든 사람을, 나는 싫어할 수가 없었다. 그래서 더 미웠고, 그래서 더 싫었고, 그래서 더 눈물이 났다.

∞ 물고기처럼 살고 싶었던 걸까

아빠는 집에 틀어박혀 인터넷 고스톱을 치는 것이 유일한 취미 생활이었다. 엄마는 그런 아빠에게 매일 컴퓨터만 한다며 구박을 하고 화를 냈다. 그러던 아빠가 처음으로 다른 취미 생활을 갖게 되었다. 어느 날, 버려진 어항을 주워온 것이 계기가 되어 물고기를 키우게 된 것이었다.

집 근처에 오래된 수족관이 있었는데, 그곳을 자주 들르게 된 아빠의 어항은 점점 더 다양하고 알록달록한 물고기로 채워졌다. 어항이 한두 개 더 늘어가고, 손쉽게 키울 수 없는 바다 열대어나 불가사리가 생겨났다. 아빠는 매일 아침 어항의 물을 갈고 물고기 밥을 주고 그 앞에 앉아서 한참을 어항만 바라봤다. 아빠의 표정은 굉장히 행복하고 평온해 보였다.

나는 말도 못하는 물고기에게 정을 주는 아빠가 이해가 가지 않았다. 하지만 그런 아빠의 취미 생활도 채 몇 년이 이어지지 못했다. 엄마가 물고기와 어항에 돈이 너무 많이 든다며 모두 내다 버리라고 말했기 때문이다. 어느 날 어항을 정리하는 아빠에게 뭐하냐고 물어보자 아빠는 쓸쓸하게 말했다.

"엄마가 버리래."

아빠의 어항으로 가득했던 거실은 빠르게 텅텅 비어갔다. 아빠에게는 비싸지 않은 금붕어 몇 마리만 남았다.

그 후, 아빠는 다시 컴퓨터 앞에 앉았다. 나는 아빠의 컴퓨터 책상 옆자리에 앉아 문제집을 채점하곤 했다. 맞은 문제에는 동그라미를 크게 치고, 틀린 문제에는 엑스 표시를 하지 않았다. "틀린 문제는 왜 채점 안 해?" 아빠가 물었었다. 나는 아빠가 물어보길 기다렸어, 라는 말을 속으로 삼켰다. 나는 어쩌면 물고기들처럼 아빠의 관심과 손길이 받고 싶었는지도 모르겠다.

부모님이 이혼을 한 후, 가끔씩 우리에게 연락을 해 밥을 먹자고 하던 아빠가 한동안 연락이 끊겼었다. 그 2~3년 동안, 나는 아빠에게 답변 없는 문자를 많이 보냈다.

〈아빠, 잘 지내? 어떻게 지내고 있어? 건강은 괜찮아?〉

딱히 아빠가 걱정된다거나 보고 싶었다기보다는, 이러다 아빠가 죽었다는 연락을 받았을 때 후회하지 않고 싶다는 마음이 컸었던 것 같다. 아빠의 형제들이 모두 이른 나이에 세상을 떠났기 때문에 그런 불안감이 자연스럽게 들었던 것이다. 그래서 생각이 나거나 연락하고 싶을 때마다 답장을 기대하지 않고 문자를 보냈다.

그 시간이 점점 길어질수록 나는 안 좋은 소식을 들을까 봐 불안했다. 그리고 어쩌면 아빠가 보고 싶었던 것도 같다. 길을 지나다 우연히 수족관을 보면 아빠 생각이 났다. 작은 어항 안에서 헤엄치는 물고기를 보면서 아빠는 동질감을 느꼈을까? 본인과 물고기가 닮았다고 생각했을까? 궁금하기도 했다.

어느 날, 나는 작은 어항과 금붕어 세 마리를 샀다. 물도 열심히 갈아주고, 공기 청정기도 달아주고, 나름대로 신경을 많이 썼지만 물고기는 한 마리씩 죽어갔다. 결국 세 마리가 다 죽게 되었을 때, 나는 죽은 물고기를 변기 안으로 내려 보내다가 그대로 주저앉아 엉엉 소리 내어 울었다. 꼭 아빠가 죽은 것 같았다. 그 후, 금붕어를 다시 키우고 싶었지만 또 죽으면 그 슬픔을 감당할 자신이 없어서 그만두었다. 하지만 어디서나노 어항을 보면 여전히 아빠 생각이 났다.

∞ 이것도 복이야

거의 2~3년 동안 연락이 없던 아빠에게서 어느 날 답장이 도착했다. 아빠는 코로나로 인해 정년퇴직을 한 후 계약직으로 일했던 회사로부터 해고 통보를 받고는 대인기피증이 생겨서 외출도 하지 않고 모든 사람들과 연락을 끊은 채 홀로 시간을 보냈다고 했다. 모아 놓은 돈도 없어서 월세방에서 살고 있었다. 나에게 연락한 이유는 기초 생활 수급자 신청을 하기 위해 부양하지 않겠다는 자녀들의 각서가 필요하다는 것이었다.

이유가 조금 서운했지만 나와 동생은 각서를 써주었고, 아빠는 기초 생활 수급자와 노인 연금으로 생활을 할 수 있게 되었다.

그 후, 아빠를 주기적으로 만났다. 예전에는 밥 한 끼 먹자는 말을 습관처럼 하던 아빠는, 수중에 돈이 없자 밥 먹자는 말을 도통 하지 않았다. 내가 먼저 만나자고 하면 만나서 술을 한 잔 마시고 종종 미안하다고 말했다.

"나도 힘들어서 그랬어."

아빠는 눈물까지 보이며 나에게 진심 어린 사과를 했다. 지금은 아빠에게 미움과 분노가 남아 있지 않다. 아빠를 이해하고 용서한 것 또한 내 감정인 것을 받아들였기 때문이다. 그렇다고 아빠를 많이 사랑한다고 말할 수는 없지만 가끔 만나서 밥이나 한 번씩 먹을 때 아빠의 웃는 모습을 오랫동안 볼 수 있었으면 좋겠다.

이런 이야기를 동생과 나누다가 동생이 문득 그렇게 말했던 기억이 난다.

"이것도 복이야. 시간이 지나고서도 자기 잘못을 모르는 부모들도 많은데."

인정하기 싫지만 맞는 말이라고 생각한다. 아빠는 자기의 잘못을 진심으로 뉘우치고 나에게 사과를 했고, 그것이 아빠를 용서하고 진정으로 화해할 수 있는 계기가 되었다. 나에게 사과를 해준 아빠에게 고맙고, 그 용기가 대단하다고 생각한다. 어린 시절의 불우한 경험이 더 이상 떠오르지 않게 된 것도 아빠의 사과를 받은 이후였다. 나 자신도 모르게 서서히 아빠를 용서하게 됐다. 그 결과, 나도 조금씩 더 편안해질 수 있었다. 그래, 이것도 복이야.

∞ 아직도 선명하게 생각나는, 노을이 예뻤던 그날

　내가 10대 후반 때 엄마와 아빠는 별거를 했다. 사이가 안 좋기도 했지만, 별거를 한 이유는 우리가 살던 연립이 재개발되면서 엄마가 일 때문에 따로 집을 얻게 된 것이었다. 아빠는 매일 아파트 공사 현장에 가서 집이 한 층씩 올라가는 모습을 보고 오는 게 일상이었다. 비록 그렇게 꿈꾸고 기다리던 아파트에서 1년도 채 못 살고 이혼을 했지만 말이다.

　아파트 공사 현장을 열심히 다니던 아빠는 동네 사람들과 친해졌다. 함께 등산을 다니고, 술자리를 즐겼다. 그러던 중 호프집 여사장과 사귀게 된 것 같았다. 아빠는 집의 냉장고가 텅텅 빌 정도로 집안 살림을 내팽개쳤다. 콩가루 집안이라고 해도 어쩔 수 없지만 그 당시 엄마도 사귀는 남자가 있었다. 엄마가 그 사실을 숨기지 않았기에 나는 알고 있었다. 그래서 엄마와 아빠를 마찬가지라고 생각했다.

　엄마를 만나 밥을 먹던 날, 별 고민 없이 말했다.

　"엄마, 아빠에게 여자가 생긴 거 같아. 요즘 매일 나가서 밤늦게 들어와."

엄마도 내 얘기를 듣고는 가볍게 웃으며 그러냐고 했다. 그래서 별일 없이 넘어갈 줄 알았다.

며칠 후, 엄마는 연락도 없이 아빠와 나, 동생이 살고 있는 아파트로 찾아왔다. 그러곤 나에게 방에서 나오지 말라고 말하고는 방문을 닫았다. 큰일이 벌어질 거라는 불안감이 엄습했다.

곧 무언가가 와장창 깨지는 소리가 들렸다. 참지 못하고 방 밖으로 나가니 아빠가 정성스럽게 키우던 난 화분이 거실 바닥을 뒹굴고 있었다. 이내 아빠의 방으로 가보니 엄마가 007가방을 망치로 때려 부수고 있었다. 아빠가 사우디로 출장 갔을 때 사와서 아끼던 것이었다. 그러곤 옷장을 열고 옷가지들을 죄다 꺼내 뒤지자 주머니에서 어떤 여자의 사진이 나왔다. 엄마는 그 사진을 한동안 가만히 바라보더니 그대로 집을 나가 버렸다. 거실의 큰 창으로 사랑스러운 붉은빛 노을이 스며들었다. 선명하고 진한 노을이 내 발을 적시는 게 부끄러워 괜히 발가락만 꼼지락거렸다.

아르바이트를 가야 할 시간이 다가왔지만 발걸음이 떨어지지 않았다. 그때 디지털 도어 록을 누르는 소리가 들리자, 나도 모르게 방으로 들어가 문을 닫았다. 곧 아빠의 발걸음 소리와 놀란 신음 소리가 들렸다. 아빠는 여기저기를 서성거리는 것 같더니 현관문을 열고 나가는 소리가 들렸다. 이제 곧 동생이 들어올 텐데 거실의 난장판을 보고 놀라면 어쩌지? 우려가 되었지만, 우선 아르바이트를 하러 가야 했다.

아빠와 동생이 걱정되었지만 나는 괜찮다고 생각했다. 분명히 아무렇지도 않았는데, 아르바이트를 하는 빵집에 도착하자마자 눈물이 줄줄 흘러내렸다. 우는 내 모습을 본 사장님은 놀라서 무슨 일이냐고 물었다. 나는 원래 내 이야기를 하지 않는 편인데, 그날은 부모님이 이혼할 것 같다며 동생이 걱정되어 집에 가봐야겠다고 말했다. 사장님은 서둘러 나를 귀가시켜 주었다.

집에 가는 길에 엄마에게 전화를 걸었다. 어디냐는 내 물음에 엄마는 남자친구와 함께 바다에 가고 있다며, 아빠와는 이혼할 거라고 말하고 전화를 끊었다. 나는 길 한복판에 서서 목이 아플 때까지 하늘만 바라보았다. 나 때문이야. 내가 아빠의 이야기를 엄마에게 전해서 이 사단이 난 거야. 모든 게 내 책임 같아서 죄책감이 들었다.

집으로 돌아가자, 당시 초등학생이었던 동생은 난장판인 집 안을 보고도 덤덤한 표정으로 나를 돌아봤다. 나는 동생을 소파에 앉힌 후 최대한 낮고 차분한 목소리로, 엄마와 아빠가 이혼을 할 것이며 누구를 따라갈 것인지 선택해야 한다고 말했다. 그러자 잠시 고민을 하던 동생은 역시나 무표정으로 대답했다.

"난 언니를 따라갈 거야."

그 말을 들은 그때의 내 표정이 생각나지 않는다. 울음을 참느라 찡그렸던 것도 같고, 동생이 안쓰러워 애써 웃음 지으려 했던 것도 같다. 아니면 꼭 네 곁에 있겠다는 비장한 표정이었나. 동생의 그 한마디는 평생토록 잊지 않도록 마음에 깊게 새겨졌다. 너무 아픈 말이었기 때문이다.

가끔이지만 나는 아직도 그날의 악몽을 꾼다. 부서져 버린 난 화분과 아빠의 주머니에서 나온 사진과 내 방 앞을 서성이던 아빠의 발자국 소리가 들린다. 그리고 내 마음과는 반대로 너무나 예쁘고 찬란한 노을빛이 바로 어제의 일인 양 생생하다.

나는 그때까지만 해도 엄마를 미워하지 않았다. 오히려 아빠를 너무나 미워했기에 엄마의 말은 무조건 동의하고, 엄마의 행동이 다 옳다고 생각했다. 나는 완전한 엄마의 편이었다. 하지만 그날을 계기로 엄마가 미워졌고, 정서적으로 멀어졌다. 이센 엄마의 편도, 당연히 아빠의 편도 아니게 됐다.

엄마가 아빠에게 이혼을 통보했다. 아빠는 눈물을 흘리며 나에게 엄마를 설득해 보라고 부탁했다. 여태 10년 넘게 무직으로 가정만을 돌보던 나를 어느 회사가 받아주겠냐며, 이혼만은 안된다고 눈물로 호소했다. 하지만 나는 어느 장단에도 맞춰줄 수 없었다. 맞춰주기 싫었다. 더 이상은 모든 게 지긋지긋했다. 두 분이 알아서 해결하라고 냉정하게 말하곤 방으로 들어와 문을 닿았다. '두 사람의 일에 왜 내가 이리도 괴로워야 해! 펑펑 울고 싶은 건 되레 나야!'라고 소리치고 싶었다. 하지만 고작 내가 한 일은 이불 속에 숨어 숨죽여 우는 것뿐이었다.

환경미화원 면접에서 떨어졌다, 이제 나는 굶어 죽어야 한다, 한동안 푸념을 늘어놓던 아빠는 다행히도 꽤 괜찮은 회사에 취직했다. 그리고 모든 유책 사유와 법적 책임을 져야만 했던 아빠는 양육비를 한 푼도 주지 않겠다는 조건으로 엄마와의 합의 이혼서에 도장을 찍었다.

∞ 엄마는 그랬었구나

내 우울증의 근본을 해결하려면 엄마와의 대화가 필요했다. 정신과 상담을 시작한 지 3년쯤 지나자, 어릴 때의 안 좋은 기억이 거의 생각나지 않았고, 아빠와의 관계도 나쁘지 않았다. 엄마와도 표면적으로는 사이가 좋았다. 하지만 내 마음 한 켠에는 엄마를 향한 미움이 자리잡은 채 해결되지 않았다.

나는 나아지고 싶었다. 그래서 엄마에게 털어놓고 대화를 해야겠다고 결심했다. 하지만 걱정도 되었다. 엄마는 분명히 변명을 하거나 내 말에 동의하지 못하고 화를 내겠지. 그러다 엄마와 사이가 멀어질까 봐 두렵기도 했다.

나는 용기 내어 엄마에게 근교로 1박 여행을 가자고 제안했고, 엄마는 다행히도 흔쾌히 허락했다. 이런 여행은 처음이었다. 펜션에 도착해서 짐을 내려놓고 저녁을 먹으며 일상적인 대화를 주고받았다. 그 정도에도 내 심장은 밖으로 튀어나올 듯이 쿵쾅쿵쾅 뛰었다. 시답잖은 대화를 하며 어떻게 이야기를 꺼낼까 고민하느라 정신은 온통 다른 곳에 가 있었다.

저녁 식사를 마치고 맥주와 음료수를 사서 숙소로 들어왔다. 그러곤 테이블 앞에 앉아 본격적인 이야기를 시작했다. 엄마는 내 이야기가 끝날 때까지 눈을 맞추고 말 없이 끝까지 경청했다. 가끔은 고개를 끄덕이거나 한숨을 쉬기도 했다. 엄마에게 말을 전하면서 흥분하지 않고 차분하게 이야기하려고 많이 노력했다.

"네가 그렇게 생각했다면, 엄마가 미안해."

엄마의 첫 마디였다. 그 후, 엄마는 엄마의 사정을 말하기 시작했다. 아빠와 이혼을 결심한 것은 여자 때문이 아니라고 했다. 아빠도 외로웠을 테니 다른 여자를 만난 건 이해할 수 있다고, 하지만 엄마가 건넨 생활비를 그 여자와 모두 탕진한 것은 용서할 수 없었다고 했다. 네가 생리대를 살 돈이 없다고 울면서 전화했을 때 결심했다고 했다.

엄마의 말을 들으니 어렴풋이 기억이 떠올랐다. 집에 먹을 게 하나도 없거나, 빨래와 설거지가 되어 있지 않을 때 엄마에게 전화해서 푸념했던 기억이 말이다. 나는 그때 아빠가 죽도록 싫었기에 엄마에게 더욱 보챘던 것 같다. 그러면서도, 부모님의 이혼이 내 탓이 아니기를 바랐던 것이다.

"아빠도 엄마 바람난 거 알고 있었어. 그거 알았어?"

"당연히 알았겠지. 부부는 말하지 않아도 다 알 수 있는 거야."

내가 엄마에게 느꼈던 감정들에 대해 엄마는 변명하지 않았다. 모두 자신의 잘못이라고 사과했다. 더불어, 괴로워하는 날 보며 이 상황은 절대 너의 책임이 아니라고 거듭해서 말했다.

"네가 말하지 않아도 엄마는 이미 알고 있었어. 하지만 절대 그렇게 생각하지 마. 네 잘못이 아니야."

엄마는 내 어린 시절에 신경 써주지 못했던 것도 사과했다. 엄마는 밤마다 술을 마시러 나갔고, 새벽이 되어 들어오면 변기를 붙잡고 구토하기 일쑤였다. 한 방에서 나란히 누워 잠을 자던 나와 동생과 아빠는 밤미다 그 구역질 소리를 들어야 했다. 엄마는 술주정도 심했다. 구토한 후에는, 내가 꽃다운 나이에 너랑 결혼해서 이 고생을 한다며 똑같은 레퍼토리를 소리쳐 뱉어내곤 했다.

유독 몸이 약했던 엄마는 자주 아팠다. 내 옷을 사러 가기로 한 날, 엄마가 몸이 아프다며 못 가겠다고 했다. 나는 실망했지만 어쩔 수 없으니 체념했는데, 그날 밤도 엄마는 술을 마시러 나갔다. 그 후로 나는 엄마가 아프다고 해도 엄마 걱정을 한 적이 없었다.

 엄마는 그 시절에 건강을 돌보지 않고 되레 몸을 망가뜨린 것도, 그느르라 예쁜 딸들이 커가는 모습을 지켜보지 못한 것도 너무 미안하고 후회된다고 말했다. 이야기하는 동안 엄마는 간간이 내 손을 잡고 진심으로 사과를 했다.

 용서에는 시간이 필요하다. 엄마와 여행을 다녀온 이후, 나는 서서히 엄마에 대한 원망과 미움을 지워갈 수 있었다. 아프다는 엄마의 말을 들으면 나도 모르게 날이 서고 짜증부터 났었는데, 이제는 진심으로 엄마를 걱정할 수 있게 되었다. 심리 상담 때, 엄마와 여행을 가서 오해를 풀었다고 하니 의사선생님은 진심으로 기뻐했다. 속마음을 꺼내는 것도 힘들지만, 누군가를 용서하는 것에도 대단한 용기가 필요하다고 했다.
 내가 모르던 엄마의 속사정들이 내 마음을 울렸다. 부모님이 각각 품고 있었을 외로움과 상처가 서서히 내 안으로 스며들어왔다. 가족이든 연인이든 친구이든, 가까운 사이일수록 대화가 중요하다는 말을 숱하게 들어왔다. 가까운 사이이니 말하지 않아도 알 거라고 생각한다. 하지만 말하지 않으면 모른다. 그게 가까운 사람이라면 더욱 말이다. 그 여행이 아니었다면, 그 대화가 아니었다면 나는 평생을 엄마를 미워하며 살았을 테다.
 이제는 엄마도, 아빠도 밉지 않다. 내 마음속에 흉터는 남았을지라도, 나는 그들을 이해하고 용서하게 됐다. 그리고 나는 알고 있다. 이 모든 과정에서 우리는 모두 다 용기 내서 사과하고, 후회하고, 솔직하게 고백했으며, 용서했다는 것을 말이다. 서로의 고통을 이해하고 공감하며 상처를 치유하는 일은 생각보다는 어렵지 않았다. 이런 일련의 과정은 내 마음의 상처를 치유하는 데 큰 도움이 되었다.

∞ 미안하다고 말해줘서 고마워

늦은 밤, 잠을 자려고 침대에 눕는데 문자가 왔다. 엄마에게 온 문자였는데, 그날은 많이 피곤했기에 내일 확인해야겠다 생각하고 잠자리에 들었다. 그러곤 다음 날 아침에 확인해 보니 꽤나 긴 문자가 도착해 있었다. 예전에 심각했던 일을 언급하며 미안하다는 사과의 내용이었다. 마지막에는, 늦었지만 용서해 주길 바란다고 덧붙였다.

그 사건은 나와 엄마가 가장 크게 싸웠던 날이다. 얼마나 큰 사건이었냐면, 엄마가 내 머리끄덩이를 움켜잡고 나도 엄마를 밀치며 몸싸움을 하는 바람에 경찰까지 출동했었다. 당시 미성년자였던 동생을 데리고 모텔로 도망가서 잠을 잔 날이기도 하다. 그 일로 인해, 난 손목에 자해를 심하게 했다. 며칠간 가출해 있다가 집으로 돌아온 날 엄마는 내 손목을 치료해 주고, 저녁에 엄마와 나와 동생은 아무렇지 않게 TV를 보며 깔깔거리고 웃었다. 그렇게 사과 한마디 없는 화해를 갖게 되었다.

그 이후로는 그날의 일을 금기어마냥 아무도 언급하지 않았다. 그래서 처음에 그 문자를 읽고는 기분이 참으로 복잡하고 이상했다. 사과 한마디로 내가 겪었던 상처가 단번에 해소되진 않았지만, 부모와 자식 사이에서 서로 주고받은 상처에 대해 사과한다는 것은 결코 쉬운 일이 아니라고 생각한다. 주변 사람들만 봐도 부모님께 진심으로 사과를 받았다는 경우는 흔하지 않다. 그래서 엄마에게 더욱 고마웠다. 가까운 사람이라서 상처는 더욱 깊었지만, 진심 어린 사과 덕분에 그 깊은 상처마저도 치유될 수 있다는 것을 엄마 덕분에 알게 되었다.

나이가 들어간다는 것은 누군가를 온전히 이해할 수 있는 깊이가 생긴다는 것일까. 차츰이나마 엄마의 삶과 감정을 이해해 갔던 나의 마음 역시 나이가 들어갔기 때문이겠고, 조금 더 명확히 말하자면 어른이 되어가는 과정일 것이다.

어릴 때의 생각은 대학교만 졸업하면, 취직에만 성공하면, 집만 갖게 되면, 그렇게 나이가 들면 여유라는 것이 생길 줄 알았다. 온전히 나와 가족을 보살피며, 금전적이나 시간적으로나 치이지 않고 살 수 있는 순간이 올 거라고 생각했다. 하지만 최근 들어 나는 이런 생각을 한다. 인생이란 어쩌면 평생토록 여유가 없는 것일지도 모른다는 생각, 무엇에 우선순위를 두느냐에 따라 달라진다는 그런 생각 말이다. 나의 부모님도 우리를 키우면서 여유가 없었던 것처럼.

그들도 역시 아이가 초등학교만 들어가면, 대학교만 졸업하면, 아이들이 취직만 하면 여유가 있으리라 생각했을 것이다.

하지만 그들의 인생은 여전히 치열하고, 힘들게 버티고 있는 중이다. 아마 소수의 차상위 계층들을 제외하면 이것이 대부분의 사람들이 살아가는 모습일 것이며, 되풀이되는 원망과 후회일 것이다.

그러니까 가족과의 사과와 용서, 화해, 대화는 지금 당장 해야 한다. 내가 이런저런 생각을 했던 걸 애인한테 털어놓자 애인은 말했다. 부모님은, 기다려 주지 않는다고. 시간은, 우리가 여유 부릴 만큼 천천히 흘러가 주지 않는다고. 너무나 정확하고 옳은 말이었다. 우리 엄마, 아빠도 기다려 주지 않고 어느새 훌쩍 커버린 나를 보면서 이런 생각을 하는 순간들이 있었겠지, 싶다.

가끔 엄마의 늙은 손을 볼 때나, 어느새 더 많아져 버린 눈가의 주름을 볼 때면 짜증 섞인 슬픈 감정에 모른 척 고개를 돌려 버리는 나처럼, 우리는 서로 표현하지 못하면서도 서로의 마음을 이해해 가고 있는 중이겠지. 매번 아빠한테 자주 연락하고, 자주 만나자고 결심하면서도 매일 바쁜 일상에 치여 결심만으로 그치고 마는 나에게 시간은 배려 따위 해주지 않을 것이다. 그 물꼬를 터트려 준 것이 바로 엄마의 사과였다. 난 이 일을 계기로 엄마가 아닌 한 어른으로서 엄마를 존경하게 됐다.

기다려 주지 않는 야속한 시간이 지금도 흘러가고 있다. 보고 싶을 때 바로 연락하고, 표현하고 싶은 감정이 들 때 바로 표현하는 내가 되어야겠다. 가족, 연인, 친구, 내 소중한 사람들에게 내 감정을 온전히 표현해야겠다. 멈추지 않고 흘러가는 시간에 절대 굴복하지 않고, 나는 내 소중한 것들을 지킬 것이다. 그건 사실, 생각보다 어려운 일이 아니니까.

∞ K-장녀는 부모의 감정 쓰레기통이다

 나는 2녀 중 장녀로 태어났다. 어릴 때부터 똑똑하고 빠른 학습 능력을 보이는 나에게 엄마는 판검사를 기대했다. 장녀라는 위치에 따른 책임감이나 부모의 기대는 나에게 크게 부담되지는 않았다. 그리고 그 기대를 실망시켰다는 사실이 슬프지도 않았다. 다만, 부모님이 나에게 모든 감정을 털어놓는 것이 싫었다.

 내가 중학생이 되자 엄마는 아빠와의 과거, 그리고 자신의 아픔에 대해 이야기하기 시작했다. 그때는 엄마가 안쓰러웠다. 그래서 엄마의 끊임없는 한탄을 싫은 내색 한 번 없이 묵묵히 들어주었다. 나 아니면 누구에게 이런 말을 하겠나 싶은 생각도 있었다.

 하지만 만나는 남자와의 연애에 대한 이야기를 들을 때는, 그들이 싫고 불쾌했고 기분이 나빴다. 한마디로 표현하자면, 진이 빠지고 감정이 닳는 느낌이었다.

 며칠 전, 오랜만에 아빠를 만나서 함께 밥을 먹었다. 아빠는 엄마에 비해 나를 감정 쓰레기통으로 이용하는 횟수가 적었고,

같은 말을 반복하지도 않았다. 하지만 그날은 아빠가 술이 얼큰하게 달아올라 내 어렸을 적 이야기를 한참 들어야만 했다. 아빠의 말을 들으면서 자꾸 한계에 내몰리는 기분이 들었다.

'난 엄마, 아빠의 감정 쓰레기통이 아니야! 나보고 어떡하라는 거야!'

마음속으로 소리 없는 외침을 질렀다.
아빠는 한참의 얘기 끝에 이런 말을 해서 미안하다고 말했다. 나는 괜찮지 않았지만 애써 웃으며 괜찮다 말했다. 엄마와 마찬가지로, 내가 아니면 이런 얘기를 누구한테 하겠나 싶은 동정심이 일었다.

하지만 아빠와 헤어지고 집에 와서도 오랫동안 마음이 좋지 않았다. 부모님의 이야기는 나를 속상하고, 힘들고, 아프게 만들었다. 그 여자의 입장, 그 남자의 입장을 들을 때마다 나는 공감하곤 했다. 그들의 희생과 아픔에 대해서. 그러는 동안 나의 마음은 조금씩 헐어갔다.

부모님의 문제는 나로서는 해결할 수 없는 것이었다. 이미 그들은 이혼한 부부였으므로 돌이킬 수 없었다. 하지만 그들은 여전히 서로를 미워하고 상처를 간직하며 살아가고 있다. 그 사실이 내 마음을 아프게 했다. 그러나 그들의 관계는 이야기와 사과 없이 끝나 버렸고, 그 결과 아직도 서로를 용서할 수 없는 것 같았다. 그리고 정작 나 자신은 누구에게도 말하지 못한 채 글로써 이 마음을 표현하고 있다.

가족에게 어떤 일이 생기면 모두가 나에게 말을 한다. 엄마, 아빠, 새아빠, 동생. 갈리는 그들의 상황과 감정과 힘듦을 나는 듣고 또 듣는다. 이러다 내가 닳고 닳아 결국은 허물어지지 않을까. 결국은 귀가 먹어버리지는 않을까. 나는 내가 첫째인 것이, 장녀라는 것이 너무나 소름 끼치게 싫다. 감정 쓰레기통이 된다는 것은 굉장히 지치는 일이다. 그럼에도 결코 변하지 않는 건 그들을 사랑한다는 것이다.

지긋지긋한 가족, 하지만 결국은 사랑해 버리고 마는 가족, 그 울타리가 가끔은 너무 버겁다. 내가 이 이야기를 동생에게 하자 동생이 웃으며 본인이 고등학생 때 딱 그랬다고 공감을 했다. 나와 엄마는 동생에게 서로가 서로를 욕하고 비난했으면서 막상 함께 있을 때는 세상 누구보다 친한 사이처럼 지냈다는 것이다. 우리는 그렇게 서로를 미워하고, 사랑하고 살았나 보다. 그때를 생각하면 지금은 웃을 수 있지만, 암울했던 시절이었다.

∞ 폭력성은 약자에게로 향한다

　아빠에게 폭력을 당한 경험이 있던 나는 때로는 그 분노와 충동으로 동생에게 폭력적으로 행동하기도 했다. 부모님이 이혼한 직후, 잠깐 동생과 둘이 자취를 했던 적이 있었다. 그때 나는 분노와 충동으로 동생에게 폭력적인 모습을 많이 보였다. 직접적으로 때리는 폭력은 아니었지만, 커튼봉을 들고 위협하거나 침대에 같이 누워 있다가 발로 차서 밀어버리기도 했다. 1년 남짓한, 짧다면 짧고 길다면 긴 그 시간 동안 나는 동생에게 지속적인 폭력과 학대를 주면서 동시에 동생을 끔찍하게 사랑했다.

　또다시 시작된 폭력은, 스무 살 때부터 키운 상아지에게로 향했다. 그즈음 발현되기 시작한 우울증이 발작을 하면 나는 강아지를 때리고, 가두고, 소리를 질러댔다. 너무나 끔찍하고 창피하지만 진솔한 이야기다. 어느 날, 홧김에 강아지를 집어 던졌는데 딱딱한 바닥에 머리를 찧은 강아지가 움직이지 않았다. 나도 모르게 순간적인 기지로 심장을 압박하며 심폐 소생술을 했다. 강아지는 다시 숨을 쉬기 시작했지만 그 숨소리는 곧 끊어질 듯 한없이 약하기만 했다. 나는 거의 정신을 놓고 울고 불며

물을 입으로 흘려서 먹여보기도 하고 코에 숨을 불어넣기도 해 봤지만, 강아지는 가느다란 숨만 헐떡일 뿐 움직임이 없었다. 24시간 동물병원을 겨우 찾아서 데려갔을 때 수의사는 나에게 각오를 하시라고 말했다. 아마 그때 강아지가 죽었다면 나도 죽어버렸을 것이다.

며칠간 입원 후 집으로 데려오자 강아지는 계속 비틀대며 한 방향으로만 쏠려서 걸었다. 그때 엄마랑 사귀던 남자가 말하길, 병들었으니 갖다 버리고 다른 강아지를 사라고 했던 게 기억난다. 나는 그 말로 인해 그 사람이 싫어져서 두 번 다시 만나지 않았다.

다행히 시간이 지나면서 강아지는 회복되었고, 그 이후로 더 이상 학대하지 않았다. 아마 강아지가 없었다면, 내 우울증은 더 심해졌을 것이다. 내가 가장 우울하고 힘들 때 내 곁을 지켜준 유일한 존재이며, 지금도 나에게 가장 큰 응원과 선물이 되어주는 소중한 보물이다.

나에게 세상에서 가장 소중한 것을 말하라고 한다면 그건 동생과 강아지다. 그렇기에 내가 동생과 강아지에게 보였던 폭력과 발작은 더욱 소름이 끼친다. 폭력은 약자에게 향한다는 것을 나는 그때 알 수 있었다. 아빠가 나에게 했던 표정과 말투, 폭력을 스스럼없이 다른 사람에게 옮겼다는 건 내 잊지 못할 과오였다. 내가 가장 사랑하는 존재들에게 상처를 준 것은 나에게도 역시 큰 상처로 남아 있다. 가장 가깝고 편하다고 느끼는 가족들에게 보이는 모습이야말로 진정한 그 사람의 본성이라는 것을 그때 뼈저리게 느낄 수 있었다. 아빠가 나에게 가했던 폭력도, 내가 동생과 강아지에게 가했던 폭력도 그래서 더욱 무서운 것이었다.

동생과 함께 제주도 여행을 떠난 적이 있다. 차를 타고 이동하면서 너에게 행한 폭력에 대해 많은 후회를 하고 있다고 말했다. 그러자 동생은 그때의 사건들이 기억이 안 난다고 했다. 그래서 그 일들로 인해 언니를 미워하거나 원망하지 않는다고 했다. 그러곤 사과해 준 것이 너무 고맙다고 말했다. 나야말로 동생에게 너무 고마웠다.
어느 날, 동생이 나에게 물었다.

"언니는 아빠한테 그렇게 차별받고 자랐으면서 어떻게 나를 그토록 사랑했어?"

나는 그 물음에 처음부터 네 존재 자체가 소중했어, 라고 대답했다. 그냥 처음부터 사랑했을 뿐, 어떤 이유나 계기가 있었던 게 아니었다.
우리는 삐뚤어진 가정 속에서 서로가 서로에게 많은 의지를 하며 살았다. 그래서 그 관계 역시 올곧지 못한 것 같다는 말을 많이 하곤 했다. 서로를 너무나 사랑하고 소중하게 생각하는 건 좋은 일이지만, 동생은 내가 죽는다면 1초의 망설임도 없이 따라 죽어버리겠다는 말을 했었다. 그리고 그건 나 역시 마찬가지였다. 동생이 죽는다면 그 어떤 갈등도 없이 동생과 같이 가겠다는 심정이었다. 그건 분명히 어딘가 결핍된 서로에게 느껴지는 집착 같은 감정이었다.

    나는 나와 같은 환경에서 자란 아이가 있다는 것에 큰 위로감과 동질감을 느낌과 동시에 동생을 보면 항상 마음 한쪽이 저릿했다. 아마 이런 감정은 살면서 그 누구에게도 다시는 느끼지 못할 것이다.

∞ 나를 닮은 아이

중학생 때 학원에서 수업을 듣고 있는데 뒤쪽에서 남자아이들의 말소리가 들렸다. 굳이 엿듣지 않아도 주변 사람들에게 충분히 들릴 정도의 큰 목소리였다. 그들은 다른 아이들의 운동화 브랜드에 대해 이야기하고 있었다. 그때 나는 엄마가 재래시장에서 사준 운동화를 신고 있었다. 쟤는 어떤 브랜드네, 그 브랜드 운동화 예쁘다 등 말을 이어가던 아이들이 내 운동화를 보고는 킥킥거리기 시작했다.

나는 얼굴이 화끈 달아올랐지만 못 들은 척 문제집만 뚫어지게 바라봤다. 옆에 있던 친구들도 내 운동화를 힐끔거리는 게 느껴졌다. 나는 다리를 꼬는 척하면서 운동화를 가렸다. 당장 운동화를 바꾸고 싶다는 마음도 들었지만, 동생에게는 이런 수모를 겪게 하고 싶지 않았다.

그날 집으로 돌아가서는 엄마에게 동생의 브랜드 운동화와 가방을 사달라고 말했다. 엄마는 브랜드 매장에 가서 동생 것은 물론 나의 신발과 가방을 사주었다. 그 기억 때문에 학창 시절 내내 나는 브랜드에 엄청 집착을 했다. 그리고 초등학생이었던 동생에게 가방과 운동화를 브랜드 제품만 사용하도록 했다.

우리 가족은 여름에 계곡으로 몇 번 놀러 간 것을 빼면 가족 활동을 해본 적이 없다. 패밀리 레스토랑이나 워터 파크, 그 흔한 영화관도 가본 적이 없다. 친구들과 그런 곳에 놀러 가면 다들 가족과 왔던 이야기를 꺼내곤 했다. 너무 낯설고 신기했지만, 나 역시 그런 경험이 있다며 거짓말을 했다. 그런 경험이 없음을 들키고 싶지 않아서 친구들을 따라 했다.

그 후, 동생에게는 그런 감정을 느끼게 하고 싶지 않아서 동물원, 놀이공원, 패밀리 레스토랑, 영화관 등을 데리고 다녔다. 고등학생이었던 내가 할 수 있는 범위에서 최대한 경험하게 해주고 싶었다. 동생은 내향적이고 소극적인 성격이라서 나를 따라다니는 걸 버거워할 때도 있었지만, 나는 동생에게 도움이 될 경험이라고 생각했다.

성인이 되어 옛일을 회상해 본다. 나의 행동이 동생에게는 어떻게 느껴졌을지 가늠해 본다. 애인에게 이런 경험을 이야기하자, 그토록 동생을 살뜰히 챙기다니 정말 훌륭한 언니라고 칭찬해 주었다. 하지만 나는 내 행동이 대단하다고 생각하지 않는다. 동생을 사랑하는 마음에, 나보다 밝고 씩씩하게 자라주길 바라는 마음에 한 행동이었지만, 동생에게는 폭력적으로 비춰질 때도 있었음을 안다.

어렸을 때의 나는 동생에게 과할 정도로 집착을 했다. 친구네 집에 놀러 가면 친구 부모님이 사준 과자, 음료수, 아이스크림을 동생 몫이라며 집에 챙겨가기도 했다. 그리고 우리 집에 동생의 친구들이 놀러오면 직접 요리를 해줄 정도로 과하게 챙겼다. 나는 동생을 내 통제 하에 두려고 했다. 내가 먼저 태어난 언니이니 나와 같은 실수를 하지 않기를, 너는 이 길을 택하지 않기를, 이런 사람은 사랑하지 말기를 등 나의 소유물로 생각하며 일방적인 사랑을 쏟았다. 그러니까 동생에게 했던 행동은 모두 내 결핍을 메우기 위한, 나를 위한 행동이기도 했던 것이다.

동생은 어리숙하고 내성적인 성격으로 나와 너무나 똑 닮은 학창 시절을 보냈지만, 지금은 성향이 완전히 바뀌어 굉장히 외향적이고 씩씩한 성격이다. 지금도 깊은 구석 한쪽은 나와 많이 닮아 있지만, 바르게 자라준 동생이 너무 자랑스럽다. 지난날 힘들었던 내 마음과 네 마음을 내가 보듬어주고 싶다.

∞ 마음이 가난해질 때 가장 먼저 찾게 되는 존재

 내 심리 상태가 극단적으로 안 좋아지거나 큰 사건이 생기면 습관처럼 동생을 먼저 찾는다. 이런 경우는 보통 가족에 관한 일이라서 나의 감정과 상황을 100% 이해해 줄 수 있는 사람은 동생뿐이기 때문이다.

 아무도 이해하지 못하는 우리 가족과 유별난 사건 하나하나는 나와 동생의 기억 속에 똑같이 자리하고 있다. 그래서 동생에게 투정 부리거나, 약한 모습을 보일 때도 있다. 동생의 존재는 나에게 큰 위안이 되고 다행스러운 동시에 너무 아프다. 속마음을 자세히 말하지 않아도 알아주는 사람이 있는 게 얼마나 큰 위로가 되는지 모른다.

 어느 날, 동생은 나에게 부채감이 있다는 말을 했다. 내가 겪는 우울증이 어느 정도는 자신의 책임 같아서 하는 말이라고 했다. 그래서 내가 자살 시도를 했을 때, 굉장히 큰 충격과 상처를 받았던 것 같다.

 그날 아침에 연락을 받은 엄마와 새아빠는 병원에 가려고 준비하는데 거의 제정신이 아니었다고 한다. 동생은 그런 부모님을 안정시키며 병원에 갈 준비를 도왔단다. 동생은 큰일이 닥치면 오히려 더 침착해지는 성격이기에, 자신도 놀랐지만 가족을 먼저 챙겼다고 했다. 정신을 차린 나에게 엄마는 이제 동생이 나를 보고 싶지 않다고 말했다고 전했다. 동생의 충격과 상처가 얼마나 컸을지 짐작이 갔기에 그 말은 더욱 슬펐다.

병원에 입원해 있으면서 동생과 새벽에 자주 연락을 주고받았다. 한번은 본인의 일기를 보여줬는데, 그걸 보고 나는 펑펑 울었다. 어떻게 날 두고 가려고 했냐며, 가기 전의 할 말이 고작 5줄 남짓한 문자 한 통이었냐며 동생도 많이 슬퍼했다.

쉽게 이성을 잃고 불같이 화를 내는 분노조절장애를 가진 엄마, 우울증에 걸려 감정 기복이 심하고 조울증 증세를 보이는 언니. 그 사이에서 동생은 아주 힘들었을 것이다. 너무 빨리 철들어 버린 동생은 어떤 상황에 닥쳐도 흥분하지 않고 무덤덤하게 행동했다. 가족 앞에서 단 한 번도 눈물을 보이거나 흥분하며 화를 내본 적이 없다. 우리 가족은 사건, 사고가 많은데 동생은 아무 문제도 일으키지 않았다.

엄마는 고등학교를 자퇴한 내가 상처였기에 동생은 대학교까지 마칠 것을 강요했다. 그래서 동생은 원치 않는 대학생활을 하고 졸업까지 해야만 했다. 동생만이라도 남들처럼 대학을 졸업하고 평범한 가정을 꾸려서 살길 바라는 엄마의 마음이었다.

최근에 동생은 엄마의 그 마음이 무언의 압박이었다고 털어놨다. 나는 동생이 나보다 훨씬 나은 어린 시절을 보냈다고 굳게 믿고 있었는데, 착각이었음을 깨달았다. 본인의 이야기를 꺼내지 않는 동생의 속은 심각하게 곪아 있었다.

'예민하다'는 단어의 정의는 '무엇인가를 느끼는 능력이나 분석하고 판단하는 능력이 빠르고 뛰어나다.'이다.

"예민하다는 말은 좋은 의미야. 능력이라는 뜻이래."

생각이 아주 많고, 예민한 동생에게 나는 늘 이 말을 해주었다. 그러면 동생은, 능력 따위는 버리고 둔해지고 싶다고 말하곤 했다.
감정의 결이 너무 다르고, 생각도 많이 다른 우리는 그렇게 함께 성장했고, 어느새 어른이 되었다. 우리는 가끔 그런 얘기를 주고받는다. 이런 가정환경일지라도 참 잘 자랐다고. 나는 그렇게 치열하게 버티며 살아온 우리가 참으로 대견하다.
나는 동생을 이 세상에 혼자 두고 싶지 않다. 내게 어떤 일이 닥쳐도 나는 동생을 버리지 않을 거라고 결심한다. 동생은 나에게 무엇보다도 소중한 존재이며 무한한 의미를 갖고 있으니까. 그래서 나는 언제나 동생과 함께하고 싶다.

∞ 새로운 가족

엄마는 새아빠와 재혼한 후, 굉장히 많은 부분이 변화했다. 아니, 거의 다른 사람이 되었다. 종종 이성을 잃고 비정상적으로 분노하거나, 의견의 마찰이 생기면 언성부터 높였다. 그런 엄마가 새로운 가족이 만들어진 후로는 그런 모습을 한 번도 보인 적이 없다. 그리고 우리가 어릴 때 살뜰히 챙겨주지 못한 것을 미안해하고, 자신의 행동을 후회하고 반성한다.

엄마가 완전히 새사람이 되었다고 동생에게 전해 들었을 때는 반신반의했는데, 몇 년이라는 세월이 흐르면서 지켜본 엄마는 정말 다른 사람이 되었다. 새아빠를 만나면서 안정이 된 엄마를 보고 있노라면 새아빠가 아주 감사하다. 엄마는 현재 상당히 평온한 상태이고, 그런 엄마의 변화는 우리 가족 전체에 영향을 끼치고 있다.

처음에는 낯선 사람을 새로운 가족으로 받아들이는 게 쉽지 않았다. 성인이 된 후에 새아빠가 생겼다는 것도 받아들이기 힘들었고, 그래서 잘 지낼 거라는 기대조차 하지 않았다.

하지만 시간이 갈수록 새롭게 생긴 가족은 나에게 진정한 가족의 의미를 바꿔주고 있다. 예전의 우리 가족은 무관심해 보일 정도도 서로의 일에 대해 묻지 않았는데, 새아빠는 내 일거수일투족을 궁금해하고 관심을 주었다. 가끔은 잔소리로 들릴지언정 나는 그 잔소리가 너무 좋았다. 날 향한 가족의 관심이 항상 부족했기에, 새아빠와 달라진 엄마가 나에게 쏟는 애정이 마냥 행복하다.

 나는 공부를 꽤 잘하는 편이었다. 중학교 때는 전교 10위권을 웃돌았는데 부모님에게 성적표를 내밀어도 부모님은 잘했어, 한마디만 했을 뿐이다. 나는 가족의 관심을 얻기 위해서 고등학교 때 공부를 더 열심히 했다. 그렇게 전교 1등을 차지하고서도 아무런 호응과 반응을 얻지 못했을 때, 나는 공부에 대한 흥미가 떨어졌다.
 내가 고등학교를 자퇴한 이유는 배우가 되기 위해서였는데, 더 이상 공부하기 싫어진 이유가 더 크다. 최선을 다해 이뤄놓은 성과를 인정받지 못하자 차라리 안 하고 싶어졌다. 일말의 인정도 없으면서 기대감은 가득한 부모님이 버겁게 느껴졌다.
 얼마 전, 속기사 자격증 1급을 취득하던 때가 생각난다. 나는 프리랜서 속기사로 일을 계속할 예정이라서 1급 자격증이 절실했다. 하지만 두 번이나 낙방하자 자신감이 떨어지고 시험에 대한 두려움까지 생겼다. 그러자 새아빠는 할 수 있다며, 매일 아침 모닝콜까지 해주며 나에게 정성을 쏟았다.

드디어 1급의 자격증을 손에 쥐게 된 날, 엄마와 새아빠는 진심으로 기뻐하고 축하해 주었다. 가족에게 받는 관심과 애정이 처음이었기에 진실로 감사하게 느껴졌다. 나에게 생긴 새로운 가족은, 나에게 새로운 삶이 되었다.

3장
오늘 하루도 행복하지 않았던 당신에게

∞ 내가 정말 하고 싶은 게 뭐였더라?

삶의 다양한 고비를 견뎌내는 데에는 한 가지 꿈이 있었다. 그것은, 언젠가는 글을 쓰며 살 수 있는 날이 오리라는 꿈이었다. 생계유지를 하기 위해 다른 분야를 공부하고, 취업을 준비하고, 일을 하면서도 항상 마음 한 켠에는 '글을 쓰는 그날이 오면 얼마나 행복할까?' 하는 생각이 있었다. 그 믿음은 나를 계속해서 나아가게 하는 원동력이었다.

그런데 우스운 것은 평소에 글을 한 줄도 쓰지 않는다는 점이었다. 막연하게 상상해 보는 내 미래의 모습은 언제나 글을 쓰는 사람이었는데 글을 한 줄도 안 쓰고 살다니, 엄청난 모순이었다.

변명은 다양했다. 퇴근 후 집에 돌아오면 피곤해서, 주말에는 만나야 하는 사람들이 있어서, 생계유지를 위해 당장은 공부를 해야 돼서, 정규직이 되고 나면 걱정 없이 글을 쓸 수 있을 테니까. 사실이기도 했다. 지금 당장은 낙오자가 되지 않으려면 경주마마냥 정해진 레이스를 따라 뛰어야만 했다. 그래서 결승점에 도착해야지만 그 후에 꿈을 향해 도전할 수 있으리라 생각했다.

아무리 애를 써도 안정된 삶은 쉽게 오지 않았다. 자격증 공부, 취업, 정규직이 되기 위해 쌓아야 할 스펙, 끝없이 주어지는 삶의 책임감들을 감당하기에는 너무나 버거웠다

글을 쓰지 않는 나 자신에 대한 죄책감이 수반되었다. 이 일만 하고 글을 써야지, 라며 미루는 태도는 이제 습관이 되어버렸고 난 그렇게 꿈을 서서히 잃어가고 있었다.

'내가 진정 원하는 내 모습은 글을 쓰는 모습인가?'

평상시와 다를 바 없는 평범했던 어느 날, 스스로에게 던진 질문에 바로 대답하지 못했다. 평범한 삶을 살아가기 위해 애쓰느라 꿈을 잊은 스스로에게 자괴감이 들기도 했다. 앞만 보고 달리다가 어느 순간 길을 잃은 기분이다. 어디를 향해 달리고 있었는지, 무엇을 이루기 위해 달렸던 것인지 아무것도 기억나지 않았다. 난 뭘 하려고 했지? 내가 하고 싶었던 게 뭐였더라? 결국 답을 찾지 못한 채 이러지도 저러지도 못하고 멍하니 서 있었다.

나는 차분하게 처음부터 생각을 되짚었다. 수년이라는 긴 시간 동안, 하고 싶은 일보다 해야 하는 일을 더 많이 하고 살았다. 내일이 오지 않았으면 좋겠다는 우울감에 이를 악물고 하루하루를 버텨냈다. 온몸을 칭칭 감고 있는 족쇄에 숨이 막혔다.

족쇄를 풀고 싶었지만 힘이 부족했고, 풀 용기도 나지 않았다. 족쇄를 풀 수 있는 방법은 단 하나, 죽는 것이었다. 그래서 나는 나를 죽였다.

다시 살아나서 이렇게 숨을 쉬고 있지만 다행인 건지 확신할 수 없다. 그저 주변 사람들에게 너무도 큰 상처를 남겼기에 똑같은 일을 되풀이하지 않으려 노력할 뿐이다. 그러자 또다시 떠올랐다. 내가 진정으로 하고 싶은 일….

그동안 공부하고 있던 자격증 공부를 그만두었다. 그러곤 돈도 벌 수 있으면서 내가 좋아하는 일인 서비스직에 지원했다. 항상 해보고 싶은 일이었다.

서비스직에 종사하면서 고객들을 상대하고 항상 웃고 많은 대화를 하다 보니 점점 가벼워짐을 느꼈다. 가벼운 대화, 가벼운 만남, 가벼운 성취들이 반복되다 보니 나 스스로도 더 많이 가볍고 싶다는 생각이 자주 들었다. 서비스직은 1년을 채우지 못하고 그만두었지만, 소중한 무언가를 배운 것임에는 틀림없었다.

그동안 글쓰기를 미루고 방치한 이유는, 글쓰기가 하기 싫어서가 아니라 오히려 잘하고 싶다는 간절한 마음 때문이었다. 일단 쓰기 시작하면 누구보다 잘하고 싶고 완벽한 결과물이 있어야만 할 것 같아서, 그래서 글쓰기를 시작하는 것이 두렵고 무서웠다. 내가 정말 원하던 일이 오히려 압박감과 부담을 주는 일이 되어버린 것이다.

꼭 잘하지 않아도 일단 하는 것이 중요하다는 깨달음은 나에게 큰 성장을 선사했다. 지금 당장 쓰고 싶은 글을 써서 행복감을 느낀다면, 그것만으로 충분하지 않을까? 그래서 가볍게 글을 써보기로 했다. 그저 지금 내가 생각하고 느끼는 것들을 기록해둔다는 가벼운 마음으로 시작하다 보면, 내가 쓰고 싶었던 글도 가볍게 쓸 수 있게 되리라 믿어본다.

흔히들 하고 싶은 일만 하며 살기에도 인생은 짧다고 한다. 그러니까 나는 글을 쓸 것이다. 남들이 정해놓은 경주선에서 벗어나 내 속도에 맞춰 나만이 정해놓은 목적지를 향해 가보려고 한다. 사회가 만들어놓은 기준대로 잘 살기 위해, 혹은 남들이 보기에 잘나 보이기 위해 지금의 나를 불행하게 만드는 일은 하지 않을 것이다. 쓸데없이 먼 미래를 걱정하지 않을 것이다. 그 순간순간 내 마음이 가는 대로, 하고 싶은 대로, 그렇게 살다 보면 언젠가 내가 정말 원하는 것이 무엇인지, 또 어떻게 살고 싶은 것인지 알아가는 때가 오지 않을까 생각해 본다. 무엇보다 나를 아는 것이 가장 중요하니까. 그러니까 지금 당장 하고 싶은 일을 하면서 살자.

∞ 목적지가 없습니다

　난 행복을 갈망했다. 이 순간만 견디면 행복이 올 것이라 믿으며 하루하루를 버겁게 견뎌냈다. 행복이라는 단어만큼 불확실한 언어가 있을까? 행복에 대한 갈증이 끊임없이 생겼고 무수히 많은 질문을 던졌다. 행복이란 무엇인지, 꼭 그것이 필요한 것인지 등 행복이라는 개념에 대한 생각이 강박증처럼 나를 붙잡았다.

　일상 속에서 느끼는 소소한 성취감은 나에게 행복을 주지 못했다. 잠깐 좋았다가 가라앉는 사소한 감정은 행복을 느끼기에 불충분했다. 나는 정말 행복하고 싶은데 그게 잘되지 않았다. 그래서 우울했다. 행복하지 않다는 건, 즉 불행하다는 반증이기 때문이다. 나락으로 빠져들던 시간들, 그 시간들은 나에게 철저히 독이 되었다. 행복을 갈망하던 불행한 시간들이 차곡차곡 쌓여갔다.

〈바람을 세로질러
날아오르는 기분 so cool
삶이 어떻게 더 완벽해.

-아이유의 '스트로베리문' 중에서-〉

  아이유의 노래가 흘러나왔다. 저런 인생을 사는 사람에게도 불행이라는 것이 있을까, 하는 무례한 생각도 했다. 불행은 누구에게나 존재하는 것이라는 비극적인 생각 반대편에는 행복 역시 누구에게나 존재할 수 있다는 희망적인 메시지도 있었음을 망각했다.

  나는 어렸을 때 공부를 꽤나 했기에 가족과 주변 사람들은 나에게 많은 기대를 했다. 명문대에 입학하겠지, 대기업에 취직하겠지. 모든 이들이 그렇게 말하곤 했다. 그래서 나도 스스로에게 기대하기 시작했다. 20대가 되면 멋진 대학 생활을 하며 누구보다도 빛나는 사람이 되어 있을 줄로만 알았다.

  기분 좋은 상상이었는데 너무 무거운 부담이 되어버렸다. 나도 모르는 사이 내 어깨를 짓누르고 가슴을 조여왔다. 보란 듯이 잘 살아야 해. 꼭 성공해야 돼. 그 강박이 이토록 처참하게 나를 망가뜨릴 줄 알았더라면, 용기를 냈어야 했다. 난 그렇게 위대한 사람이 아니라고, 내가 살고 싶은 대로 살 거니 기대하지 말라고 외쳤어야 했다.

〈내가 날 온전히 사랑하지 못해서 맘이 가난한 밤이야.

아이는 그렇게 오랜 시간 겨우 내가 되려고 아팠던 걸까.

-아이유의 '아이와 나의 바다' 중에서-〉

 이 노래를 듣고 한참을 울었다. 나를 온전히 사랑하지 못해서 맘이 너무 가난했나. 겨우 지금의 내가 되려고 그토록 아팠나.
 나에 대한 기대를 버리기로 했다. 나는 그저 나일 뿐이다. 못 살아도 잘 살아도 내 삶의 무게는 오롯이 내가 견뎌야 하는 것이다. 나에 대한 기대감을 지우면 허탈한 마음에 너무 속상할 줄 알았는데, 생각보다 나는 질겼다. 두 발로 꼼짝없이 서 있는다. 힘이 들어간 두 다리에 그저 감사할 따름이다.
 나는 결국 뭐가 될까? 뭐가 되든 어차피 내가 되기 위해 싸우는 과정 중 하나에 지나지 않을 오늘이다. 그렇게 생각하니 마음이 차분하게 가라앉았다. 삶과 행복이라는 가치는 너무나 위대하고 고결하게만 느껴졌지만, 지금은 그렇게 느껴지지 않았다. 그저 오늘 하루를 잘 버텨내는 것만이 유일하게 존재하는 가치처럼 느껴졌다. 이러한 하루들이 쌓여 나를 만들어갈 것임을 나는 믿는다.

 세상 사람들이 너무 겸손하지 않다는 생각도 한다. 자세히 고찰해 보곤 더욱 확신이 들었다. 사람들은 자기 잘난 점에만 심

취해서 더 깊은 무언가를 보려 하지 않는다. 스스로를 끊임없이 비난하며, 더 나은 존재를 동경하는 나 자신이 어리석어 보일 정도로 사람들은 각자의 방식으로 행복을 찾고 만족하는 삶을 살아가고 있다.

무조건 자기 자신만이 잘났다고 생각하며 주변은 전혀 돌아보지 않는 태도, 그게 참 이상해 보였다. 어떻게 자신의 삶이 가장 최고라고 생각할 수 있는지 말이다. 평범하기 그지없는 삶을 꽤나 만족하면서 사는 사람들이 싫었고, 그마저도 내 삶이 더 뒤처져 보여서 나를 경멸하는 날들이 이어졌다. 그리고 그 경멸의 끝엔 부러움이 있었다. 본인의 하루를 최선을 다해 살아낸 사람들이 내뿜는 자존감, 그것이 부러웠던 것이다.

삶에서 가장 큰 축복은 어쩌면 자기만족일지도 모른다. 고난이 닥친 상황에서 그것을 이겨낸 자신에게 주목하는 사람이 있고, 그 고난이란 것에 주목하는 사람이 있다. 나는 후자였다. 왜 나에게만 이런 시련이 닥치는지 정답은 찾지 못한 채 뜬눈으로 며칠 밤을 지새우곤 했다. 나는 미숙한 어린아이마냥 억울하다는 생각에 사로잡혀서 자신을 괴롭혀 왔다.

그러니까, 내가 오늘 하루도 참 잘 해냈다는 격려의 말을 잊지 말아야 한다. 힘든 일이 있었더라도, 모든 날이 행복할 수는 없다고 마음 편히 생각하면 내일은 또 행복할 수 있지 않을까? 내일이란 시간은 모두에게 공평하게 올 테니까.

누군가의 평가나 기대는 필요하지 않다. 내가 내 자신에게 내리는 형벌 같은 책임도 필요하지 않다. 나는 오늘을 잘 견뎌냈고, 잘 살아냈고, 진심을 다했고, 온 힘을 다해 살아냈다. 그것만으로 만족해 보려 한다. 그동안 많이 사랑해 주지 못한 나에게 용서를 구해본다. 많이, 참 많이 아파했던 나를 이 밤이 깊이 가라앉을 때까지 꼭 껴안아 줄 것이다.

∞ 나는 행복해야만 하는 걸까?

　앞이 보이지 않는다. 결국 눈이 멀어버린 건가. 팔을 휘적거려 본들 아무것도 잡히지 않는다. 나는 또 낙오되고 만 것인가. 어둠 속을 한참 헤매다 보면 동이 튼다. 이내 밝아오는 햇살이 소름끼치게 눈부셔서 눈을 아주 세게 감는다. 어둠이 편하다. 늘 그래 왔듯 우울한 정서가 나를 편안하게 만들어준다. 원래 내 것인 듯, 나는 원래부터 이랬던 사람인 것처럼 평온하다.
　정신과 상담 때 의사선생님은 이 고리를 끊으라고 했다. 우울할 때 느껴지는 안정감과 행복할 때 느껴지는 이질적인 감정들을 끊어내고, 당장 느껴지는 감정을 날것 그대로 흡수해야 한다고 했다. 행복하다고 느낄 때마다 불안한 마음에 뒷걸음을 쳤던 건 이런 연유 때문이었을 것이다. 한 치의 소리도 내기 벅차게 조용한 밤에 나는 저 밑으로 가라앉아 차분해진다. 내내 어지럽고 시끄러웠던 세상이 잠들고 나니 난 그제야 살 것 같다. 가쁘기만 하던 비정상적인 호흡이 가벼워진다. 아마도 나는 아직 우울함을 완전히 극복하고 나아가기 위한 준비가 덜 된 것 같다.
　우울함에 빠져 있던 어느 날, 갑자기 나를 덮친 생각이 있다. 나는 평생 나로 살아야 하는구나. 이런 생각이 덮치자 나는 끝

도 없는 절망감 속으로 빠지게 되었다. 아무리 발버둥 쳐봐도 나는 나로 살아야 한다는 것이 무섭다. 사실은 나를 버리고 싶었나 보다. 나 같은 거 내팽개쳐 버리고 완전히 새로운 사람이 되고 싶었나 보다. 아무런 의욕도 느껴지지 않는다. 아무리 노력해도 결국 나라니, 차라리 아무것도 하지 않는 편이 나았다. 아무것도 안 하면 적어도 실망할 일은 없을 테니까.

 나는 죽고 싶다는 생각을 자주 하면서도, 아이러니하게 항상 미래를 꿈꿨다. 언젠가 새로워질 나의 모습, 나의 꿈을 쥐고 있는 미래의 나. 그곳은 따뜻하고 행복하다. 그런 꿈을 꾸며 나는 여전히 죽고 싶어 했다. 내가 죽어야지만 끝날 것 같은 우울함의 무게를 견뎌내고 있다. 나를 죽여 없애야지만 이 우울도 함께 끝날 것 같다.
 그러면서도 나는 다음 생을 꿈꾼다. 다시 태어날 나는, 내 다음 인생은 이보다 행복할 거야. 사실은 죽고 싶은 게 아니라 처음부터 다시 살고 싶다는 욕망이 크다. 이미 돌이킬 수 없는 과거에 대한 후회가 많기 때문일 것이다. 그렇게 자꾸만 과거를 되돌아 다니다 보면 나는 결국 다시 태어났어야만 한다. 처음부터 완전히 잘못되고 어긋났고 고장이 나버렸다. 난 여전히 현재가 아닌 과거에서 살고 있으면서 미래를 꿈꾼다. 참 역설적이다. 나는 죽고 싶은 걸까, 살고 싶은 걸까.

행복해져야만 한다는 강박관념에서 벗어나기 위해 행복하지 않아도 괜찮다는 생각을 하기 시작했다. 행복하고 싶다는 것은 분명히 잘 살고 싶다는 마음인데, 그런 생각에 잠기다 보면 지금이 행복하지 않아서 죽고 싶어지기 때문이다.

나는 잘 살고 싶어서 죽고 싶었다. 그래서 행복하지 않아도 괜찮다고 생각하기로 한 거다. 인생의 조명이 꺼져 버린 것 같다. 우두커니 서서 껍질만 남은 어떤 형태가 되어버렸다. 나는 사라지고 없다.

행복이라는 거, 하고 싶어도 하기 싫어도 늘 문제다. 행복이라는 거, 진짜 있긴 있는 거야? 그런 거 다른 사람들한테는 정말 있는 걸까? 행복하다는 사람을 보면 나도 모르게 그 사람이 미워진다. 나는 온 힘을 다해 살아도 가질 수 없는 것을 그 사람은 태어날 때부터 운 좋게 가지고 있는 것만 같다. 그 행복을 얻기 위해 노력했을 과정 따위는 내 눈에 들어오지 않는다. 나도 노력했으니까. 얼마만큼인지 몰라도 나도 그 정도는 충분히 노력해 본 거 같으니까. 나는 불행하게도 태어날 때부터 행복이라는 감정을 느낄 수 없는 불치병에 걸린 것이라고 생각하는 편이 오히려 쉽게 받아들여진다.

행복해야만 하는 걸까? 행복하지 않으면 안 되나? 그냥 이대로, 조금은 불행하고 조금은 우울한 채로 사는 것도 하나의 방법이지 않을까? 어제도 오늘도 견뎌낸 나의 삶이 증명하듯 이

렇게 살아가는 인생도 있는 것이다. 그냥 그렇게 행복하지 않은 채로 살 수도 있는 것이다. 이상하게도 내가 행복하지 않다고 생각하면, 행복해질 필요도 없다고 생각하면 과거로 돌아가지 않는다. 구태여 모든 걸 바꾸고 싶다는 지나친 욕심도 들지 않는다.

지금 나는 충분히 행복하지 않기 때문에 그냥저냥 이대로 살면 될 것 같다. 사실 그딴 건 하나도 중요하지 않았다. 행복하지 않으면 좀 어떠한가. 내가 지금 이렇게 살아 있는걸. 나는 여전히 숨 쉬고 있다. 뻐끔뻐끔.

∞ 저울질하는 관계는 이제 그만 할래

사람 사이에는 적당한 틈이 필요하다. 다시 태어난 날로부터 벌써 3년이 넘는 시간이 지나갔다. 그 일은 다시 생각해도 나에게 정말 창피한 과오이다. 하지만 그 일이 있었기에 얻은 것이 있다. 사람의 관계는 저울질을 하면 안 된다는 것이다.

평소 많이 친하지 않다고 생각했던 사람이 있었다. 애인의 친구인데 한 해에 한두 번 볼까 말까 하는 딱 그런 정도의 사이였다. 정말 오랜만에 애인을 만난 그 친구는 내 얘기를 하면서 울었다고 한다. 다시 태어난 날에 대해서 인스타툰을 그렸는데 그걸 보고 알았다고 했다.

나는 죽으려고 결심했을 때 그 사람을 떠올리지 못했다. 그저 나와는 먼 사람으로만 여겼고, 후에 이런 일이 있었다고 들을지라도 크게 동요하지 않을 거라는 고집 어린 생각마저 있었던 것 같다. 하지만 그 친구는 애인에게 많이 힘들었겠다며 눈물까지 흘렸다는 말을 들었을 때, 사람을 나만의 잣대로 판단하면 안 되겠다는 생각이 들었다. 상대방이 악의가 없을지라도 생각 없이 가벼이 한 행동에 내가 상처받을 수 있듯이, 나의 사소한 행동도 다른 사람에게 상처를 줄 수 있다. 내가 생각한 것보다 타

인에게 소중한 사람일 수 있구나, 라는 생각이 들자 너무 고맙고 감사한 마음이 들었다. 나로 인해 슬펐을 그에게 상처를 준 건 아닌지 몹시 두렵고 무서웠다.

　이 경우와는 반대로, 가까운 사이라고 생각했던 사람과 멀어지기도 했다. 삶을 놓았던 날, 아주 가깝다고 생각한 사람들에게만 문자를 남겼다. 한데, 그 친구에게는 아주 짧은 대답이 돌아왔을 뿐이었다. 표현을 잘 못해서 그랬을 수도 있겠지만, 나는 이기적이게도 배신감을 느꼈다. 내가 연락했던 소수의 친구들은 나 때문에 울었고, 힘들어했고, 트라우마를 겪었다는 이야기를 전해주었다. 나는 친구들에게 상처를 줘서 죄스러웠고, 동시에 안도했다.
　병원에서 퇴원을 한 후, 조금은 진정된 날을 보내던 중, 문득 그 친구가 떠올라 늦게나마 이젠 괜찮다는 연락을 남겼다. 하지만 더 이상 그 친구에 대한 애정은 남아 있지 않았다. 어떻게 보면 내가 힘들 때 큰 관심을 주지 않았다고 어린애처럼 생떼를 부리는 모습으로 비칠 수도 있지만 내 솔직한 마음이 그랬다.
　어떤 사람에게 기대를 했다가 내 마음이 충족되지 못하는 순간, 너무 실망감이 들고 나를 더욱 옹졸하게 만들었다. 내가 사랑하는 만큼 날 사랑해 주지 않는구나, 너에겐 내가 딱 이 정도였구나, 라는 생각이 들었고 이건 곧 관계의 끝을 의미했다. 물론 하나의 사건으로만 연락을 끊은 것은 아니었다. 그동안 축적되어 온 감정들이 터지는 계기가 되었을 뿐이다.

모든 헤어짐이 그러하듯 가끔 그 친구와의 추억이 떠오르면 마음이 뒤숭숭해진다. 한때 가장 가깝게 지내던 이와의 멀어진 거리만큼이나 내 마음에 깊은 구멍이 뚫렸다.

인정하기는 싫지만 난 사람을 잃는 것을 극도로 불안해한다. 그래서 애초에 사람과 가까워지지 않으려고 커다란 벽을 세워두고 산다. 내 사람으로 만들지 않으려고 기를 쓰고 발톱을 내밀며 살아가고 있다. 서먹하게 지내다가 갑자기 아무 이유 없이 나와 잘 통하고 죽이 잘 맞아서 친해지는 사람들이 있는가 하면, 정말 평생 연을 이어갈 거라 생각했던 사람과 작은 틀어짐 하나로 남보다 못한 사이가 되기도 한다. 난 그런 것들을 쉽게 받아들이지 못했다.

누군가 떠나가면 나는 그 빈자리에 한참을 머물렀다. 내가 그 사람에게 얼마나 잘해줬는지 떠올려 보고, 그 사람에게 무엇을 못 해주었는지 생각하며 스스로를 원망하기도 했다. 도대체 왜 그런 건지 정말 알고 싶어서 밤을 지새워 생각해 보기도 했지만, 인간관계는 결코 내가 원하는 대로 흘러가지 않았다.

날 잃게 된 것을 언젠가는 후회할 거라고 생각하기로 했다. 후회하는 건 내가 아닌 당신일 것이다, 라고 나르시시즘에 빠져

도 괜찮다. 나를 갉아먹는 짓보다는 훨씬 나은 방법이니까. 아무 조건 없이 그 사람을 사랑했고 사랑받았다면, 아무 이유 없이 사람을 미워할 수도 미움받을 수도 있는 것이다.

나는 내 사람과 아닌 사람의 경계가 분명했다. 내 사람들은 내 곁에 영원히 머물 줄 알았고, 아닌 사람들은 영원히 내 곁에 다가오지 않을 줄 알았다. 가벼운 관계는 무시하고 애착이 든든한 관계만을 신경 썼다. 하지만 큰일을 겪고 나서야 이런 내 아집은 무너졌다.

사람의 마음은 그 어떤 저울로도 잴 수 없는 것이다. 그러니까 내가 준 만큼 되돌려 받으려고 하는 심보도 버릴 것이다. 내가 사랑하고 싶은 사람들을 조건 없이 사랑해 주고, 나에게 주는 사랑들을 의심 없이 받기로 해본다. 틀림없는 건, 나는 분명 사랑받을 만한 존재이고 누군가를 사랑할 수도 있는 괜찮은 사람이다. 이 분명한 사실을 또 지워 버리고 마음 아파하고 싶지 않다. 나는 이렇게 조금씩 성숙해지고 있는 것 같다. 그리고 이런 변화가 참 마음에 든다.

∞ 내일이 없었으면 해

나는 내일이 오지 않았으면 좋겠다는 생각을 자주 한다. 또다시 새로운 날이 닥쳐올 것이라는 생각에 알 수 없는 불안감을 느낀다. 다시 태어나기 전날, 다시는 내일이 없을 거라는 생각에 느꼈던 편안함은 말로 형용할 수가 없을 정도였다. 살면서 처음 느껴보는 안도감이었다. 아마 천국에 있다면 이런 기분일 거라는 생각이 들 정도로 평온했다. 물론 두 번 다시는 그때와 같은 선택을 하지 않을 것이지만 말이다.

그때와 확연하게 다른 점이 있다면 지금의 난 분명히 살고 싶으니까 말이다. 오늘도 밤을 샜다. 뜬눈으로 맞은 다음 날은 아침부터 우울하다. 나는 아직 잠들지 못했는데 세상은 아무렇지 않게 새로운 하루를 맞이했다. 내가 없어져 버려도 세상은 늘 그렇듯 하루하루 잘 굴러가겠지. 서운함이 몰려온다. 마음의 시간은 느리고 더디게만 흘러가는데, 시간은 나를 봐주지 않고 앞으로만 달려간다. 아직 충분한 하루를 살아내지 못한 것 같은데, 어김없이 오늘도 또 지나가 버리고 말 것이다.

우울증에 빠지는 날에는 평소와는 다른 시간이 흐른다. 우울

함이 가실 때까지 누워 있어야지. 그렇게 누워서 짧게는 하루가 다 지나도록, 길게는 이틀이나 먹지도 씻지도 움직이지도 못한다. 온몸이 납으로 채워진 것처럼 무겁고, 머릿속은 그보다 더 무겁다. 죽고 싶은데 죽을 힘이 없어서 못 죽는다는 표현이 맞을 정도로, 정신이 아프고 약해지는 순간이다. 손가락 하나 까딱할 힘조차 남아 있지 않다.

시간은 기다려 주지 않고 쉴 새 없이 흘러가 버리고, 나는 그 시간을 쫓아가다가 결국 버려지고 만다. 지금이 아침인지, 밤인지도 분간이 가지 않는다. 아무것도 존재하지 않는 공간에 표류된 듯 나는 그저 있을 뿐이다. 그 우울함이 걷히고 나면 어김없이 휘몰아치는 죄책감이 나를 더욱 힘들게 한다. 나는 왜 이 모양이지. 왜 또 시간을 버렸지. 몸살에 걸려서 이틀을 누워 있었다고 하면 납득할 거면서, 우울증 때문에 이틀을 누워 있었다고 하는 건 용납이 안 된다. 나조차도 나를 이해해 주지 못하는 게 슬프다.

점점 밝아오는 창문을 보며 또다시 우울의 소용돌이가 나를 집어 삼키려고 한다. 하지만 이 우울함에 완전히 빠져 버리기 전에 나는 아마 잠에 들 것이다. 그리고 남들보다 조금 늦은 하루를 시작할 것이다. 어떻게든 굴러가는 세상에서, 나도 어떻게든 살아가고 있다.

∞ 인생은 긴 마라톤이야

인생은 긴 마라톤이다. 잠시 물을 마시는 시간이 필요한 것은 물론, 철퍼덕 앉아 쉴 시간 역시 필요하다. 나는 그걸 몰랐다. 그래서 무엇이든 시작하면 온 힘을 다해 전력질주를 했다. 그러다가 완전히 나자빠져 쓰러져 버리곤 했다. 그래서 마라톤을 아예 포기한 적도 몇 번 있었다. 재정비를 하고 다시 달려보아도 결과는 늘 똑같았다. 좌절하면서 나는 한 가지를 깨달았다. 너무 조급해하지 말자.

나의 조급한 마음 때문에 그동안 실패하고 포기했던 무수한 일들이 스쳐 지나갔다. 도저히 뛸 수 없을 때까지 무리하며 달렸던 지난 날들이 후회되기도 했다. 하지만 중요한 깨달음을 얻었으니 결코 허비한 시간만은 아닐 것이다. 그래서 나는 천천히 가보려고 한다. 목이 마르면 물도 벌컥벌컥 마시고, 달리기 싫은 날에는 하루 종일 누워서 하늘만 바라보기도 해보려고 한다.

그 끝에 무엇이 기다리고 있든 끝까지 가보기로 한 것이다. 인생이라는 레이스를 완주하기 위해 나는 천천히 가는 것을 택했다. 당장은 성과 없이 힘들기만 하더라도 결국 포기하지 않는다면 내가 달려온 길이 사라져 버리는 것은 아니니까. 끝없이

새겨지는 나의 발자국들을 보며 마음을 다잡아본다.

　요즘은 글을 많이 쓰고 있다. 소설을 쓰며 창작을 하기도 하고, 우울증에 관한 에세이를 쓰기도 한다. 그때마다 떠오르는 생각들을 만화로 그려 SNS에 올리거나, 짧은 산문 형식으로 쓰기도 한다. 이전에는 무언가를 시작하면 매일 해야 한다는 강박 관념이 있었는데, 그런 강박에서 벗어나니 훨씬 수월하게 느껴진다. 그저 하고 싶은 본능을 따를 뿐이다.

　이제야 주위의 풍경들이 눈에 들어온다. 함께 달리고 있는 가족, 애인, 친구들, 그리고 반려동물까지. 모두 다 천천히, 하지만 포기하지 않고 달려가고 있다. 달리다 길가에 예쁜 꽃이 피어 있다면 시간을 내어 그 꽃을 오래 살펴볼 것이다. 다시 출발할 힘을 얻기 위해서.

　천천히 달리다 보니 비로소 알게 되었다. 적당히 숨을 고르면서 간다면 인생이라는 마라톤이 별거 아닐 수 있다는 것을. 막막하고 끝을 알 수 없어 겁이 났었는데, 까짓것 충분히 할 수 있는 일이었다. 남들도 다 하는데 나라고 못할 게 있나 싶은 자신감도 생긴다. 쉬어가자. 내가 다시 뛰고 싶을 때까지. 아주 길게 쉬어도 다시 뛰면 되니까.

　지친 날엔 침대에 누워 내가 좋아하는 글을 쓰며 지친 몸과 마음을 가만히 쓰다듬어 줄 것이다. 한 고비가 또 지나가고 힘이 충전되면 나는 다시 달리겠지. 그렇게 나는 인생이라는 마라톤을 완주하려고 한다. 1년이 걸리든 10년이 걸리든 결국 해낸다는 것이 중요하니까. 살고 싶다는 것, 더 이상 포기하지 않겠다는 마음, 작지만 동시에 매우 큰 변화이다. 이 다짐이 앞으로 변하지 않기를 바라본다.

∞ 난 왜 모든 일이 버거울까?

보통의 직장인이라면 9시까지 출근해서 6시까지 일을 하고 퇴근한다. 그러려면 7시쯤 일어나 준비를 하고 만원 버스에 몸을 싣고 출근을 하겠지. 그리고 퇴근해서 저녁을 먹고 나면 하루를 마감할 시간이 얼마 남지 않는다. 각자 남은 시간을 즐기다 내일의 시작을 위해 잠이 들 것이다. 사람들은 이런 일을 아무렇지도 않게 해내고 있는 것 같아 보인다. 숨 쉬는 것만큼 자연스러운 일처럼 다들 잘 해내고 있어서 나는 나만 하루를 살아가는 게 힘들고 버거운 줄 알았다. 어쩌면 모두들 다 같이 버티고 있는 것일 텐데 말이다.

생각을 조금 전환시켜 봤다. 노동이라는 건 누구에게든 쉽지 않고 힘들 것이다. 하지만 많은 사람들이 내색하지 않고 꿋꿋하게 하루를 견디고 있는 것일지도 모른다. 나만 모든 게 버거운 것이 아니라, 누구에게나 모든 게 버거운 것이라 생각하니 어쩐지 조금 기운이 난다. 그 누군가들과 동질감이 느껴지기 때문일까.

자기가 하고 싶은 일을 '즐겁게' 하며 살아가는 사람은 아마 극소수일 것이다. 돈을 위해, 가족을 위해, 미래를 위해 많은 사람들은 자신의 것을 일부 양보하고, 포기하고 그렇게 살아가는 것이다. 모두들 모든 것을 다 놓아버리고 싶은 순간에 종종 맞닥뜨리겠지만 이를 악물고 버텨내고 있는 것이다. 삶은 나에게만 불공평하다고 생각했었다. 그런 생각 한 줌의 차이가 끝도 없이 이어지는 자괴감에서 벗어날 수 있게 해준다. 바닥으로 치닫는 자존감을 더 이상 내려가지 않게도 해줬다.

힘들다고 말하면서도, 피곤하다고 말하면서도 하루하루를 잘 살아내고 있는 모든 사람들을 존경한다. 매일이 같으면서도 매일이 다른 일상을 보내고 있는 무수히 많은 사람들. 그 사람들이 실로 대단해 보인다.

일상이 지겨워지거나 지치는 순간에는 아무런 조건 없이 나를 편안하게 안아줄 것. 우리는 종종 남에게는 관대하면서도 자기 자신에게는 엄격할 때가 있으니 말이다. 힘든 순간을 견뎌낸 나 자신을 자랑스럽고 대단한 사람이라고 생각할 것. 그것은 정말 사실이다.

평범하게 산다는 게 이토록 힘든 줄 미처 몰랐다. 그저 세상 사람들이 다 그렇게 사니까 나도 그들처럼 쉽게 살 수 있을 줄 알았다. 그들이 입 안으로 보이지 않게 살점을 쥐어뜯으며 악착같이 견디고 있다는 걸 알았다면 나도 조금은 더 든든하게 대비를 했었을까.

오늘도 버거운 하루를 보냈다. 내일도 충분히 힘든 하루가 나를 기다리고 있겠지. 하지만 중요한 건, 난 오늘을 잘 버텨냈고 내일 역시 그럴 것이라는 점이다. 힘에 겨워 자주 쓰러지지만 결국엔 다시 일어났으니까. 그러니까 나는 언제고 일어날 수 있는 사람이다. 이렇게 견디면서 사는 게 인생이라면, 그래도 잘 살아보려 한다. 꿋꿋하게 버텨 나가보려 한다.

∞ 나의 온도는 다시 뜨거워질 수 있을까?

어릴 적에는 참 밝다는 얘기를 자주 들었다. 사랑을 가득 받고 자란 귀한 자식 같다는 소리도 많이 들었던 것 같다. 그때 나는 정말 많은 노력을 했었다. 긍정적인 에너지를 발산하고 주변 사람들에게 밝은 분위기를 전해주는 사람이 되고 싶었다. 그러다 어느 순간, 모든 것에 지쳐 버렸다. 주변을 둘러싸고 있는 많은 사람들 사이에서 나는 미친 듯이 고독함을 느꼈다. 혼자 있는 게 편안해졌고, 우울함 속에서 진정한 나를 발견하는 듯한 착각에 빠졌다.

상담을 받기 시작한 초반부터 선생님이 해준 말이 있다. "우울증은 내게 오랫동안 기댄 채 깊은 뿌리를 내리고 있기에, 이제 우울하지 않은 상태가 되면 불편함을 느낄 수도 있다."고 했다. 그 말은 사실이었다. 약물 치료와 상담 치료로 어느 정도 마음이 회복되어 가자 우울은 끊임없이 내 귀에 대고 속삭였다. 아니, 넌 그렇게 밝지 않은 사람이잖아. 넌 원래부터 우울한 사람이었어. 우울하면서 모두를 속이고 있는 거야. 다시 네 자리로 돌아와! 그렇게 나는 우울증의 유혹에 수차례 다시 빠져들었다.

그 사이 내 온도는 많이 차가워졌다. 어떤 일이든 시작하면 열정을 가지고 임했던 나였는데, 어느 순간부터 모든 일에 그다지 의욕을 갖지 못했다. 최선을 다했지만 결과가 좋지 못하면 많이 슬플 거야. 내가 원하는 성취를 이룰 수 없을 거라는 짐작으로 모든 일을 냉소적으로 대했다. 이런 태도는 전반적인 삶의 모습을 무기력하게 만들었다. 최선을 다하지 않으면 실망도 하지 않겠지. 나는 어쩌다 이렇게 된 거지? 다시 예전처럼 많은 사람들과 어울리며 밝은 에너지를 가진 사람이 되고 싶었지만 다시 돌아가는 방법을 몰랐다. 온몸에 힘이 들어가지 않았다.

예전의 밝고 긍정적이던 모습을 완전히 되찾진 못했지만 치료를 받기 시작한 지 6년이 되어가며 나는 변하고 있다. 그 시간들은 결코 무의미하거나 부질없지 않았다. 가장 큰 변화는, 지금 내가 우울함을 느끼지 않는다는 것이다. 짜증나거나 화나는 상황이 있기는 해도 "그래서 우울해?"라고 자문해 보면 "아니."라는 답이 나온다. 기분이 좀 안 좋을 뿐이야. 시간이 좀 지나면 괜찮아질 거야. 충분히 우울한 메시지가 아니냐고? 절대 그렇지 않다. 내가 나를 우울한 사람이 아니라고 생각한다는 것이 가장 큰 변화이다. 나는 이겨낼 수 있다고, 나는 다시 우울의 유혹에 빠져들지 않을 거라고, 우울하지 않은 지금이 훨씬 좋은 상태라고 나는 계속 의식적으로 되새기고 있는 것이다. 나에겐 첫걸음이었다. 안절부절못하며 제자리걸음만 하던 내가 드디어 첫발을 떼었다.

"중요한 건, 이 상태가 유지되는 거라고 생각해요."

선생님이 했던 말이다. 나는 여기서 또 오랜 시간 머물게 될지도 모르겠다. 하지만 분명한 건 한 걸음 걸어왔다는 것. 그리고 현재 상태를 유지하기 위해 노력하고 있다는 것이다.

이렇게 한 걸음씩만, 급하지 않게 딱 한 걸음씩만 내딛다 보면 언젠가 다시 돌아갈 수 있지 않을까? 내가 원래 있었던 곳으로. 사람을 좋아하고, 사람에게 기대하고, 사람에게 사랑을 줄 수 있었던 열정이 많고 사랑이 많았던 그런 나의 모습으로. 그러기 위해서는 자주 상기해 보려고 한다. 원래 내 모습, 내가 있던 자리, 아무리 시간이 오래 걸려도 결국은 닿고야 말 나의 진짜 모습을.

∞ 치료의 시간은 곪았던 시간만큼 필요하다

우울증 치료를 위해 정신과 상담을 받은 지 어느덧 6년이 지나가고 있다. 꽤 긴 시간임에도 나는 이렇게나 오래 치료받고 있었다는 걸 인지하지 못했다. 선생님과의 상담 중에 갑자기 궁금해져서 초진 날짜를 물어봤다가, 시간이 그렇게 흘렀다는 사실에 감회가 새로웠다.

"우리 이제 그만 봅시다."

선생님이 장난스럽게 말했지만 아직 치료와 약을 끊을 상태는 아니다.

집에 오는 길, 배가 간질거리는 기분 좋은 봄 햇살을 내리쬐며 나는 생각에 푹 잠겼다. 그간의 치료 과정에서 있었던 감정 기복과 깊은 곳으로 빨려 들어갔던 나날들이 기억났다. 더디지만 꾸준히 회복되는 중이고, 이제는 여느 사람들처럼 사고할 수 있다는 사실을 인지하자 꽤나 기뻤다.

예전의 나를 떠올려 보면 상식과는 거리가 먼 생각을 많이 했다. TV를 보다가 엄마가 죽는 장면이 나오면 배우들의 감정에 이입해 눈물을 흘렸지만, 속으론 우리 엄마가 죽으면 저렇게 슬프지 않을 거 같다고 생각했다. 아주 깊은 곳에선 엄마나 아빠가 빨리 죽었으면 좋겠다는 생각까지도 했다. 왜 이런 사고를 했는지 정확하게 기억나지 않지만 나는 분명 그런 생각을 했었다. 또 행복해서 웃고 있는 상황에서도 속마음은 이런 게 고작 행복이라고? 아닐 거야, 나는 영원히 행복할 수 없어. 그런 생각을 하며 행복한 기분을 부정했다. 지금 생각해 보면 너무나 터무니없는 비상식적인 사고들이었지만, 그때 당시엔 너무나 확고하고 선명한 감정들이었다. 우울증은 사람을 그렇게 변화시켜 버린다.

요즘 나는 자주 생각한다.

'어? 나 이제 죽고 싶다는 생각이 안 드네?'

'엄마를 사랑한다는 말을 진심으로 하고 있구나.'

'짜증나고 화가 나도 예전처럼 죽을 만큼이지는 않아.'

'요즘은 우울해서 혼자 눈물을 흘리는 일이 없네.'

남들에겐 당연한 일이겠지만, 나에게는 아주 큰 변화이다.

난 더 이상 죽고 싶지 않고 살고 싶었다. 살고 싶다는 욕구를 이렇게 강하게 느낀 적은 태어나서 처음이었다. 그리고 곁을 지켜주고 있는 내 사람들과 함께 건강하게 오래도록 행복하고 싶다. 이제는 행복하고 싶다는 당연한 욕망이 신경에 거슬리거나

나를 무기력하게 만들지 않는다. 나는 지금 정말 건강해졌다. 그건 긴 시간 꾸준히 치료한 내 의지 덕분이었다.

우울증 치료를 시작하고 1년이 지났을 때, 2년이 지나가고 있을 때, 내가 들이는 시간만큼 내 증상이 호전되지 않는다고 느낄 때마다 나는 좌절했다. 전혀 나아지는 것 같지도 않고 치료가 되고 있는 것 같지도 않았다. 10년이 넘게 앓던 병을 병원 잠깐 다니면서 기적처럼 낫길 바랐던 것이다. 모든 것은 어쩌면 당연했다. 속까지 곪아 있는 병이 하루 이틀 사이에 낫는 일은 세상에 없다. 그러니까 시간은 반드시 충분하게 지나야 한다. 당신이 곪아갔던 그 시간만큼이나 충분히.

나는 아직도 치료 중이다. 완벽하게 나아진다고 한들 후유증이 있을 수 있다. 최악의 경우에는 재발할지도 모른다. 그래도 나는 다시 치료하기 위해 노력할 것이다. 인생의 커다란 벽을 넘은 기분이다. 처음으로 나 혼자 일어나 걷기 시작한 것 같다. 이 벅찬 기분을 지금 우울증을 앓고 있는 모든 사람들이 느껴보길 바라고 또 바란다. 나는 이제야 가장 보통의 삶을 살아가고 있는 중이다.

∞ 나는 내가 너무 불쌍해

나는 내가 너무 불쌍하다. 돌고 돌아보면 결국은 내가 너무 안쓰럽다. 우리 집은 가난했다. 자가 같은 건 꿈꿔보지도 못했고, 재산 같은 건 더더욱 없다. 내가 학교를 다닐 때는 새 학기에 부모 인적 사항을 작성해서 선생님께 제출해야 했다. 부모님의 직업과 소득도 적어야 했다. 그 종이에 늘 중산층 이하로 체크하는 아빠에게 난 물었다.

"우리 집은 가난해? 우리는 중산층이 아니야?"

어린 나는 궁금해하곤 했다. 엄마는 매일 나가서 술을 마시곤 핸드폰을 집어 던져서 자주 고장을 냈다. 그 당시에도 값비싼 물건이었지만 엄마는 바로 다음 날 새 핸드폰을 사오곤 했다. 그런데 우리가 가난하다고? 돈을 벌어오는 엄마를 대신해서 집안 살림을 하게 된 아빠의 지갑엔 현금이 항상 많았다. 나는 지폐를 몇 장 훔쳐가서 책을 사곤 했었다. 차마 아빠에게 책을 사고 싶다고 말할 용기가 나지 않아서 도둑질을 했던 것이다. 나는 궁금했다. 이렇게 돈이 있는데 왜 가난하다는 거야? 가난은

불행을 불러온다. 그 불행은 나이를 먹어갈수록 더욱 떼어낼 수 없는 꼬리표가 되어서 나를 따라다녔다. 어릴 때는 용돈을 많이 받는 아이들이 부러웠다. 고작 메이커 운동화를 신는다는 것이 부러웠다. 그런 건 고작에 지나지 않는다. 겨우 그런 것. 고작.

　세상은 불공평하다. 기회는 돈이 있는 자에게만 주어진다. 나이가 들수록 가난이란 것은 더욱 크게 다가왔다. 고등학교를 자퇴하고 나는 연기의 꿈을 키우며 보조 출연만 주야장천 다녔다. 새벽 3시에 일어나 버스를 타고 5시까지 집합해서 밤까지 촬영을 하는 날도 많았지만, 나는 정말로 부지런하고 성실하게 보조 출연을 하며 생활했다.
　당시에는 다른 아르바이트보다 더 많은 돈이 통장에 쌓였고, 학교에 다니는 다른 아이들보다 진짜 꿈을 향해 열심히 노력하고 있다는 자부심마저 느꼈다. 그때 내 옆에서 조언을 해주거나 내 미래를 염려해 주는 사람은 없었다. 부모님도, 선생님도, 아무도 나에게 도움을 주지 않았다. 물론 고집 센 성격 탓에 아무도 나를 말릴 수는 없었겠지만.
　결국 내 성화를 못 이긴 엄마는 연기 학원을 1년 조금 안 되는 시간 동안 다니게 해주어서 연기로 입시를 준비할 수 있었다. 하지만 중요한 것은 나는 연기에 재능이 없었다. 그러니 당연하게도 내가 원하던 학교를 가지 못했고, 차선책으로 택한 학교를 한 학기만 마치고 휴학했다. 이후 재수를 결심해서 수능을 열심히 준비해 보고 싶었다.

공부에 대한 미련이 뒤늦게 찾아왔다. 재수하고 싶다는 나에게 엄마는 안 된다고 말했다. 우리 형편에 무슨 재수를 하냐고. 그때부터였다, 가난은 기회를 막는다고 생각한 것이. 가난은 내가 갈 수 있는 길을 한정시킨다.

전문대학을 중퇴한 나는 그래도 한 가지를 얻었다. 시나리오 작법 수업이 너무 좋았던 것이다. 주위에서는 글을 잘 쓴다고 자주 칭찬을 했으며, 공모전에서 몇 개의 상도 받았다. 그 계기로 '글'이라는 꿈을 찾게 되었다. 하지만 나는 글쓰기보다 중요한 게 있었다. 일을 해야 했다. 성인이 되자마자 생긴 빚 때문이기도 했고, 내 살길은 내가 찾아가야 할 수밖에 없는 환경 때문이기도 했다.

일하면서 학점 은행제를 통해 학사 학위를 취득했다. 동시에 자격증을 공부하고 먹고살기 위해 많은 노력을 기울였다. 이 모든 것들은 내 노력으로 얻은 값진 성과였고, 모두 나의 힘으로 이룬 결과였다. 하지만 나는 진짜 열심히 살아왔다고 생각했지만, 돌아보니 아무것도 없었다. 애초에 나와는 다른 출발선에서 시작한 사람들도 열심히 달리고 있기에, 내가 아무리 노력해도 그들을 따라잡기에는 역부족이었다.

결국 나는 타인의 인생과 비교하며 또다시 무너져 내렸다. 먹고사는 것에만 집중하다 보니, 진짜 하고 싶은 것과 잘하는 게 무엇인지를 오랫동안 생각하지 못했다. 나는 그렇게 넘어졌다. 다시금 찾아온 우울증은 나를 자꾸 과거로 되돌려 놓았다. 브랜드가 아닌 시장 운동화를 신었다고 놀림당한 순간으로, 엄마에게 학원비를 달라고 말하지 못하고 혼자 울던 순간으로 나를 자꾸만 불러냈다.

후회는 후회를 부른다. 모든 게 원망스럽기만 하다. 단 한 번도 무언가를 열심히 준비해 본 적이 없는 내 처지가 불쌍했다. 남들은 취업 준비를 한다는데, 그런 경험이 없었다. 시간이 돈이었고, 돈이 시간이었다. 나에게는 준비를 할 수 있는 돈도, 시간도 없었다.

7포 시대를 넘어 숫자가 정해지지 않은 N포 시대라고 한다. 남들도 나만큼이나 힘든가 보다. 우리는 참 많은 것을 포기하며 살아야 하는구나, 싶다. 나이를 먹으니 부모를 원망하는 마음보다 안타까운 마음이 생긴다. 내 몸뚱이 하나 먹여 살리기도 힘든데 어떻게 자식들까지 챙기고 키웠을까.

가난하게 살았던 우리 부모님이, 그 가난을 대물림 받은 내가, 우리가 불쌍하다. 그래도 어쩌지 못해 살아야 하는 것이라면 또다시 힘을 내어 살아보고 싶다. 내가 원하는 것을 열심히 추구하면, 언젠가는 마침내 그 자리에 서게 될 수 있지 않을까. 가난과 시간이 나를 덮쳐올 때 무너지지 않고 꼿꼿하게 우뚝 서 있다 보면, 언젠가 굳건해진 나 자신을 마주 볼 수 있지 않을까? 그때가 오면 말해주고 싶다. 대견하다고, 참 잘 살았다고.

∞ 상처의 무게를 잴 수 있을까요?

지나간 감정들이 돌아와 나를 덮치는 순간이 있다. 좋고 아름다운 기억들을 피하고, 안 좋고 어두웠던 기억들만 생생하게 떠오르는 그런 순간. 나는 무기력함에 파묻혀서 옴짝달싹 못한다.

대부분의 감정은 한 번 휘몰아치고 사라지지만, 나를 떠나간 사람들의 기억은 쉽게 물러나지 않는다. 과거의 내 말과 행동들이 후회되고, 그들이 주었던 상처가 아프게 되살아난다. 시간이 지나도 잘 지워지지 않는다.

남들도 다 겪는 가정사, 가난, 슬픔, 상처, 후회를 극복해 내고 잘 살아가는데 나만 그렇지 못하다는 생각에 괴롭다. 내가 받은 상처는 우주만큼 크다고 여겨도 모자란데 남들에게는 하찮은 일로 여겨지니, 그들의 상처 역시 나는 우습고 만만하다고 생각하게 된다.

나보다 나은 상황이니 저렇게 살 수 있지, 안일한 생각이 내 몸을 관통한다. 이런 생각은 주로 타인들의 하소연을 들을 때 나를 지배한다. 가정사에 대해 털어놓거나 힘들었던 과거를 떠올리는 사람들에게 공감하고 위로를 건네지만, 마음 한 켠에서는 그들을 외면한다. 나만큼은 힘들지 않은 것 같아. 이중적인 내 모습과 내 안의 불편함에 스스로가 놀랄 정도이다.

그런 날이면 나는 깊은 자기혐오에 빠진다. 그리고 그런 생각이 들 때마다 사람의 상처는 크기를 재고 따지는 것이 아니라고 스스로를 타이르곤 한다. 타인의 상처를 함부로 여기고 재단하지 말자. 내 상처의 크기가 남들 눈에는 안 보이는 것처럼 그들의 상처 또한 내 눈에는 보이지 않아. 그러니 이해하지는 않더라도 무시하지는 말자.

제일 힘든 건, 자기혐오에 빠지려는 나를 끌어올리는 일이다. 연달아 떠오르는 기억의 조각을 끊어내기 위해 애쓴다. 생각이 꼬리에 꼬리를 물기 전에 납덩이마냥 무거운 몸을 겨우 일으켜 세워 샤워라도 하기 위해 욕실로 향한다. 따뜻한 물을 맞으며 샤워기 아래에 서 있다 보면 다행히도 서서히 과거의 감정들이 가벼워지고 멀어진다. 가장 중요한 건, 일단 일어서야 한다. 가라앉기 전에 빠져나와야 한다.

누구든 내 상처에 대해 물어주길 바라는 마음이 항상 있었다. 그 이유를 정확하게 설명하기 어려웠는데, 이제 생각해 보면 이렇게 대답하고 싶어서가 아닐까 싶다.

"저는 괜찮습니다."

나는 그저 한 줌의 위로면 충분하다.

다른 사람이 칼에 베인 상처보다 내 손에 박힌 가시가 더 아픈 법이다. 다른 사람들의 상처보다 내 상처가 더 아프다고 느끼는 이 감정을, 무조건 자책하지 않으려 한다. 그저 남들 역시 아플 수 있다는 것을 인정하려 노력할 뿐이다. 타인의 상처를 온전히 받아들일 때 내 상처도 직시할 수 있다. 서로에게 조금만 더 너그러워지자. 그러면 서로가 서로를 조금 더 이해하게 될 수 있을 거라 믿는다.

∞ 끝없는 자기혐오를 그만두고 싶지만,

우울함이라는 감정이 들 때, 몰려오는 생각의 종착지는 언제나 자기혐오였다. 애매한 재능, 가난, 불우한 어린 시절, 취업 실패, 인간관계 등 내가 겪었던 고난과 실패가 모두 다 내 탓으로만 느껴진다. 분명 열심히 살아온 것 같은데, 돌이켜 보면 최선을 다해 살지 못했다는 후회와 자책감이 나를 벼랑 끝으로 밀어붙인다.

'단 한 번만이라도 미친 듯이 무언가를 위해 노력해 본 적이 있어?' 스스로에게 채찍질을 한다. 학창 시절 잘하던 공부를 때려치우고 연기를 했다. 그러다 연기를 때려치우고 글을 쓰고 싶다는 꿈을 품었다. 공부도, 연기도, 글도 하나에 매달려서 끝까지 노력해 보지 않고 포기한 것 같다.

그런 내가 너무 싫어서, 너무 후회가 되어서, 다시 시간을 돌려놓고 싶어서 미칠 것 같다. 게으르고 나태하게 사는 내 모습에 내가 지친다. 더 많은 돈을 벌고 싶어 하면서, 더 나은 삶을 살기를 바라면서, 구질구질하게 살고 싶지 않다고 생각하면서 결국은 오늘 하루 먹고 살 만큼의 노력만 기울인다.

나는 지금의 삶이 싫다. 나는 알고 있다. 나를 사랑해 주지 않

고, 나를 응원해 주는 법을 배우지 못한다면 꿈을 이루고 돈을 아무리 많이 벌어도 행복할 수 없다는 것을. 하지만 나는 나를 도저히 사랑할 수 없다. 한 걸음 더 내디뎌서 저 아래로 추락하고 싶다. 낙하. 그편이 더 쉬울 것이다. 나는 아마 떨어지면서 소리 내어 웃을 것이다. 하하하. 드디어 고단했던 삶이 끝나는구나, 하면서.

내가 나를 싫어할 때 내 애인이 이런 말을 해주었다. "너는 기계가 아니야. 한계까지 몰아붙이지 마."라고. 나는 잠시도 가만히 있는 걸 참지 못한다. 눈을 뜨고 있는 동안에는 반드시 생산적인 일을 해야만 한다는 강박증 때문이다. 그래서 틈만 나면 일을 하거나, 글을 쓰거나, 영화나 드라마를 보거나 꼭 나에게 도움이 될 만한 할 일을 찾는다. 예능 프로도 보지 않는다. 웃고 즐기며 시간을 보낸다는 게 괴로울 정도로 불안하기 때문이다. 결국 내가 좋아하는 게 뭔지, 어떻게 휴식을 취하는지 난 모조리 잊어버리고 말았다.

20대 초반에 다이어트에 대한 강박을 가지고 있었을 때는 마른 몸만 가지게 된다면 나를 사랑할 수 있을 거라고 여겼다. 20대 중반부터는 깡마른 체형이 되었다. 하지만 난 여전히 거울 속의 내 모습이 마음에 들지 않았다. 내가 갖지 못한 것에 대한 끊임없는 욕망을 결국은 채울 수 없을 것이라는 생각에 참담했다.

　나는 잘난 사람이 되고 싶다. 큰 꿈을 키우며 살며, 막대한 포부를 안고 있다. 그러나 내 기대에 부응하지 못하는 자신을 항상 책망한다. 내가 잘하는 것에 만족하고, 내가 갖고 있는 장점을 극대화해야 나를 발전시킬 수 있다는 것을 알지만, 그 방법을 모르겠다. 예전의 나처럼 자신감 넘치고 콧대 높게 살았던 모습을 되찾고 싶다.

　그때의 나는 분명히 나를 사랑하고 있었다. 나는 어떤 일이든 해낼 수 있을 거라는 확신도 갖고 있었다. 하지만 나는 항상 과거에 머물러 있다. 아직 치유되지 못한 상처와 어리고 미성숙했던 행동들을 자책했다. 그렇지 않았어도 됐는데, 혹은 다르게 했어야 했는데, 라는 생각에 사로잡혀 앞으로 나아갈 방향을 잃어버렸다. 내 자존감은 오래 전에 바닥으로 추락했고, 나를 혐오하고 싫어하는 버릇이 습관처럼 내 머리에 박혀 있었다. 나는 왜 이렇게 작아진 걸까.

　사랑하는 방법을 모르겠으니 응원부터 시작해 보려고 한다. 점차 나 자신이 무엇이 되어가고 있는지, 노력하는 나를 응원해 보려고 한다. 그리고 나 자신을 있는 그대로 사랑해 보기로 한다.

　우울증에 걸린 나조차도 나였다. 나의 미운 모습까지 사랑하

기 위해 부단한 훈련을 거듭하자, 신기하게도 자존감은 조금씩 높아졌다. 실수를 하거나 약속을 어기더라도 나를 더 이상 혐오하지 않게 되었다. 현재와 미래로 나아가는 발걸음은 자존감에 달려 있었다. 더는 후회나 자책하지 않아도 되니 지난 상처에 새로운 희망이 싹트기 시작했다.

자존감은 한 사람의 모든 면을 변화시킨다. 그래서 오늘도 나를 사랑하자. 오늘 하루 충분하지 않을지라도, 한 걸음 더 나아왔으니까. 걸었구나. 오늘 하루를 힘주어 살아낸 나 자신을 칭찬해 본다. 내일도 오늘처럼만 살아보자. 그래도, 그래도 살아야지 어떡하겠어.

∞ 왜 살아야 하는 거지?

죽고 싶어, 살기 싫어 따위의 단순하고 충동적인 감정이 사라진 지는 오래다. 다만 나는 늘 계속해서 왜 살아야 하는지 이유를 찾지 못했다. 북적이는 지하철 안에서 본 사람들에게, 강아지를 산책하며 스쳐갔던 사람들에게 의문을 갖는다. 저 사람들은 왜 살고 있을까. 왜 사냐고 물으면 대답할 수 있을까.

나는 삶의 날카로운 조각과 마주칠 때마다 이런 생각을 한다. 그냥 포기하고 싶다고. 기를 쓰며 사는 거 지긋지긋하다고. 아무것도 안 하면 편할 테니까. 그럼에도 불구하고 살아가야 할 이유 하나쯤은 다들 가지고 있는 것 같다. 다만 난 그들의 이유를 알지 못하고, 스스로에게도 해답을 찾을 수가 없어서 힘이 든다. 나도 이유를 갖고 싶었다.

그래서 주변에 묻기 시작했다. 왜 살고 있냐고. 한데 이 질문을 받은 대다수의 사람들은 당황한 표정을 짓거나 명확한 이유를 말하지 못했다. 그냥 산다고 대답한 사람도 있었다. 행복한 무언가의 이유가 있어서 사는 게 아니었다니, 너무도 큰 충격이었다. 그러자, 그냥 사는 거라면 그냥 죽을 수도 있는 거 아닌가 생각이 들기도 했다. 특별한 이유가 없이 사는 거라면 별다른

이유 없이 죽음을 택할 수도 있을 텐데.

　나에게 주어진 삶을 살아야 하는 '이유'를 갖고 싶었다. 그 이유를 목적으로 열심히 살아보고 싶었는데, 세상 사람들도 딱히 이유가 없는 걸 알고는 허탈하기도 했다. 힘들고 피곤한 삶을 살아내야 하는 이유가 없다는 것은, 그럼 죽으면 될 텐데 라는 생각을 자꾸 떠오르게 만들었다.

　하루 종일 침대에서 일어나지 못한 채, 죽어야 할 이유들만 계속해서 머릿속에 나열했다. 몸은 진흙에 빠진 것마냥 꼼짝도 할 수 없었고, 머릿속은 태풍이 강렬하게 불어와 휘저었다. 죽음에 대한 생각은 지독한 습관마냥 쉬이 사라지지 않았.

　이런 시간을 버티며 오래 고민한 끝에 이유를 알아냈다. '사는 이유'가 아니라 '왜 사는지에 대해 자꾸 생각하게 되는 이유'를 말이다.

　내가 나를 사랑하지 않아.
　그러니 내 삶도 사랑하지 않을 수밖에.

　나는 늘 나에 대한 기대를 충족시키지 못했다. 항상 나에게 실망했고, 포기하는 일만 늘어났다. 자괴감이 커져가며 무겁게 짓눌렀다. 한 번 무너져 내린 자존감은 바닷물에 휩쓸려 흔적도 없이 사라졌다. 다시 일어서려 할수록 파도가 더욱 거세게 밀어

내어 쓰러트린다. 삶의 의욕을 찾으려 할수록 내가 정말로 무엇을 원하는지 잃어버린다. 부족한 재능과 무기력한 마음이 나를 옭아매어 나아가게 내버려 두지 않는다. 아무리 걸어도 결국 제자리다. 돌고 돌아 제자리에서 주저앉은 나는 다시 일어서는 것조차 무서워 벌벌 떨고 있다. '해내지 못하면 어쩌지?', '또 나에게 실망하고 말 거야.', '이번엔 정말 무너질 테지.'

성인이 된 후에는 번번이 실패에 직면해야 했다. 실패는 성공의 길에 있는 필수적인 과정이라는 말을 들어왔지만, 실패한 사람들이 다시 일어서기 위해 건네는 말 따위는 나에게 공감을 이끌어내지 못했다. 모든 위로의 말에 반감이 들었고, 매일이 이유 없이 불안함에 휩싸이고 나는 자꾸 작아졌다.

나는 이제 안다. 내가 이 팍팍한 삶을 살아내려는 이유를. 정확한 답은 아닐지라도 난 이 이유가 맞다고 생각하며 살고 싶다. 누군가 나에게 왜 사느냐고 묻는다면 나는 "나를 사랑하기 위해서."라고 대답할 것이다.

단 한 번도 제대로 사랑해 주지 못해서 미안했다고 고백하며 안아주고 싶다. 나를 사랑하게 되면, 비로소 어깨를 다시 꼿꼿하게 펴고 나아갈 수 있을 것이다. 그것은 타인이 아닌 자신에게서만 얻을 수 있는 용서이다. 결국 나를 용서해 주는 것은 나이고, 나를 다시 나아갈 수 있게 하는 것도 나일 것이니까 말이

다. 나를 사랑해 주는 일, 말과는 다르게 참 쉽지 않다. 나의 악한 마음부터 지독하게 나태한 모습까지 스스로를 잘 알아서 더욱 사랑하기가 어렵다. 그래서 나의 아주 소소한 것부터 사랑하려고 노력하고 있다.

나는 요즘 씰룩, 잘 올라가는 내 눈썹이 좋다. 유연한 눈썹 근육 덕분에 표정을 잘 표현할 수 있다는 것이 마음에 든다. 이렇게 사소한 것 하나하나를 발견해 가며 자신을 위한 작은 성취들을 찾아가 보려 한다. 그러면 언젠가 왜 사는지에 대한 고민에서 벗어나서 나를 진심으로 응원할 수 있을 것 같다. 결국 이 세상에서 나를 가장 잘 응원해 줄 사람은 나 자신뿐이다. 특별히 잘나지도, 특별히 못나지도 않은 가장 보통의 나를 응원하고 싶다.

∞ 오늘도 행복하지 않았던 당신에게

나를 조건 없이 사랑하기로 했지만, 아직은 자주 실수를 한다. 바삐 살다가도 가끔 모든 행동이 멈추고 또다시 우울한 생각에 잠기는 것이다. 그러면 한동안은 얕은 깊이일지언정 빠져서는 허우적대기 일쑤다. 저 사람은 유쾌하고 활발한 성격 덕분에 돈을 많이 버나? 저 사람은 타고난 체력 덕분에 삶이 저리 신이 나나? 나는 밝은 성격도, 튼튼한 체력도 타고나지 못해서 우울하고 무료하고 싫증나는 삶을 살고 있구나.

처음엔 얕았지만 점점 깊은 곳으로 가라앉다 보면 삶이라는 근본적인 의미마저 싫어진다. 결국 오늘도 우울하고야 말았어. 내일도 같을 테지. 그렇게 하루를 견디는 날들이 늘어가고 있다. 무엇 한 가지에 집중하지 못하는 생각과 감정은 정처 없이 이곳저곳을 누빈다. 죽을 만큼 노력한 것도 아니면서 그새 지쳐버린 내가, 버틸 체력이 없는 내가 싫다.

종착지는 늘 정해져 있다. 이 짧은 암흑에서 잠시만 견디면 된다고. 늘 그래 왔던 것처럼 이 또한 지나가겠지. 난 또 힘을 내서 올라갈 거고, 점점 우울을 벗어나는 방법도 숙련이 될 것이

라고. 그리고 늘 그래 왔던 것처럼, 나는 다시 올라갈 것을 확신한다.

문득, 오늘도 행복하지 않았던 사람들이 옆에 있어주었으면 좋겠다는 생각을 한다. 그리고 기꺼이 그들 옆에 내가 함께 있어주고 싶다는 갈망을 느낀다. 그럼 좀 낫지 않을까. 나만 불행한 게 아니라고, 서로가 서로를 보며 위안을 얻을 수 있지 않을까.

그래서 오늘도 행복하지 않았고, 아마 내일도 행복하지 않을 그대들에게 안부를 전한다. 행복하지 않아도 그럭저럭 하루를 버텨보자고. 끔찍하게도 내일은 다가올 테지만, 그 하루들이 쌓이면 높은 곳으로 올라갈 수 있는 발판이 되어줄 것이라고. 그러니 최선을 다해 한 발만 내딛어보자. 이번에도, 스스로를 믿어보자고 말이다.

4장
우울에 질식하기 전에 기지개를 켜자

∞ 그래도 해야지, 어떡해

치열하게 살아도 왜 삶은 나아지지 않는 것일까. 해야 하는 일은 어쩔 수 없겠지만, 하고 싶은 일도 해야겠다. 그래야 숨통이 조금이라도 트인다. 덕분에 난 하루가 바쁘고 일주일이 숨차고 한 달이 벅차다. 매일 숨 가쁘게 달렸다고 생각했는데 뒤돌아보면 왜 아직도 출발선이 보이는 건지, 지쳐만 간다.

매일 반복되는 생활은 더 나아질 기미가 안 보인다. 이렇게 살다가는 빚만 갚다가 인생이 끝날 것 같다는 생각이 점점 짙어진다. 하루하루가 그저 일상 속에서 흘러가는 표류 같다.

퇴근길에 두서없이 떠오르는 생각으로 인해 어깨가 무겁고 목이 마르다. 머리가 무거워서인지 숨조차 편하게 쉬어지지 않는다. 나만 못난 거 같다. 세상은 나를 등진 채 제대로 돌아가고 있는데 나만 그 틈에 끼지 못하고 동떨어져 있나 보다. 낙오자. 루저. 나는 오늘도 삶에게 처절하게 지고 삶은 오늘도 결국은 나를 집어삼키고 말았구나.

〈그래도 해야지, 어떡해.〉

인터넷에서 이 글귀를 보고는 이상하게 힘이 났다. 많은 공감이 되었고, 매일 이런 생각을 하면서 살면 버틸 수 있을 것 같은 느낌이 들었다.

나는 내 삶을 그저 그렇게 살고 싶을 뿐이다. 하지만 내 욕심과 꿈을 이루고 싶어서, 스스로 끊임없이 노력하고 싶은 욕망 때문에 나를 자주 채찍질한다. 그러다 보면 더 지치게 된다. 그러니까 '그래도 해야지, 어떡해.'라는 말이 너무 와닿았던 것이다. 나에게 꼭 해주고 싶은 말이었다.

나는 그럼에도 할 것이고 결국은 해낼 것이라는 것을. 때로는 느긋하게, 템포를 맞춰서 걷자.

어제는 결근을 하고 말았다. 프리랜서로서 결근이란 개념은 없지만, 할 일이 많았음에도 몸이 피곤해서 오후 늦게야 눈을 뜨고 말았다. 자책감이 온몸으로 번지려고 할 때, 내가 했던 일들을 떠올렸다. 며칠 동안 일을 하고, 공부하고, 글을 썼고, 운동을 했다. 나는 생각보다 잘 해내고 있었다. 못해낸 일만 생각하고 괴로워하기보다는, 내가 잘 해낸 일을 기억하며 나를 격려하기로 했다. 그러자 마음이 조금이나마 편해졌다.

하루 결근하는 것이 죽고 사는 일도 아닌데 나는 이럴 때 자책하다가 우울증에 빠져서 더 많은 일을 못하곤 했다. 사람을 미워하는 일은 꽤 많은 에너지를 소모해서 지친다. 하물며 남을 미워해도 그럴진대 나를 싫어하는 일에는 얼마나 많은 에너지가 필요하겠는가. 다행히도 부질없는 자책은 스스로에게 결코 도움이 안 된다는 걸 금방 깨닫는다.

    나는 나를 조금 더 사랑하고 아낄 필요가 있다. 나에겐 앞으로 많은 날들이 남아 있고, 그중 하루를 본의 아니게 망친 것뿐이다. 이렇게 인정하는 데엔 꽤 오랜 시간이 걸렸다. 내가 걸어온 길을 뒤돌아보며 후회하기보다 앞으로 걸어야 할 길을 보며 나아가야겠다.

    과거나 미래가 아닌 현재를 행복하게 사는 것이 중요하다고 말한다. 과거를 돌이켜 후회하지 말자. 미래의 나에게 미루지도 말자. 후회는 언제나 지금 하는 것이 늦었고, 시작은 언제나 지금 하는 것이 빠르다는 말을 잊지 말자. 당장 오늘 내가 해야 할 일을 해내는 것이 가장 중요하다.

    난 해야 할 일을 끝냈을 때 맛보는 성취감 역시 알고 있다. 나만의 방식으로 스스로를 사랑하기로 했다. 그래도 해야지, 어떡해. 나는 그래도 살아갈 것이고, 그래도 쓸 것이고, 그래도 사랑할 것이다. 계단을 오르는 것처럼 한 계단씩 천천히. 그러다 보면 언젠가 내가 꿈꾸는 그곳에서 밟아온 길을 내려다보며 웃을 수 있을 것이다. 나는 아마도 소리 내어 웃으며 손을 들어 식은땀을 닦아낼 것이다. 지금은 올라가야 할 때이지만 다 오르고 나면, 인내심 있게 올라와 준 내가 너무 고마워서 나를 안아줄 것이다. 그러니까 걷자. 때로는 넘어지거나 주저앉아도 포기하지 않고 끝까지 걸으면 되니까. 나는 절대로 내 삶을 포기하지 않을 것이다.

∞ 나는 이제 행복이 두렵지 않아

　문득 그런 생각이 들었다. 이 정도면 나 잘 살아내고 있는 것 아닌가? 그런 생각을 하다 보니, 우습지만 이 정도면 조금 행복하다는 생각도 들었다. 실제로 미소를 지었던 것 같다. 나에게는 참 낯선 감정이기에 잠시 동안 행복을 머금고 그 달콤함을 느꼈다. 오래도록 행복하지 않았고, 행복을 찾을 수가 없었고, 그렇기에 더더욱 행복하지 못할 것이라는 생각이 나를 지배했다. 그런데 여느 평범한 일상 속에서 나는 그 행복이라는 감정을 마주치게 되었다.

　처음에 이 감정을 느꼈을 때는 행복이란 게 이렇게 쉽게 찾아올 리 없다고, 환상일 거라고 단정지으며 행복을 밀어냈다. 엄청나게 대단하고 중요한 무언가를 이뤄내야만 행복을 얻을 수 있을 거라고 생각했기에 이렇게 갑자기 찾아올 리 만무하리라 생각한 거다. 그래서 뒷걸음질 쳤다.

　컴컴한 어둠에 익숙해져 있다가 갑자기 쏟아져 들어온 빛에 한동안은 도저히 눈을 뜰 수가 없는 것처럼, 행복이란 감정을 인정하기까지 오랜 시간이 걸렸다. 행복이라는 감정이 며칠 동안 지속되자 그제야 '아, 이런 게 행복이구나.' 인정할 수 있었다. 이제 환한 빛에 익숙해져 눈을 뜨고 세상을 바라볼 수 있게 되었다는 게 놀라울 뿐이다. 이토록 긍정적이고 맑은 기분이 드는 것은 실로 오랜만이었다. 이 기분 좋은 변화가 무엇 때문인지는 신경 쓰지 않기로 했다. 어찌 됐든 나는 지금 행복하니까. 그거면 벅차게 충분하니까.

정신과 치료를 받는 기간이 길어질수록 되레 완쾌라는 단어와는 점점 멀어지고 있는 기분이었다. 나는 이 우울과 함께 싸워야 할 테구나, 죽을 때까지. 우울은 나아질 기미는커녕 계속 썩어 들어가서 나를 지치게 했다.

그럼에도 불구하고 나는 힘을 내어 2주에 한 번씩 정신과를 찾아갔고, 매일 아침, 저녁으로 약을 복용했다. 이제는 뚜렷한 목적도 잊어버린 채 습관처럼 치료를 받아왔을 뿐이었다.

하지만 분명히 한 발자국씩 나아가고 있었다. 흘러간 지난 시간을 뒤돌아보지 않기 위해 노력했다. 매일이 불행하고 원망스러웠던 지난날을 그저 흘러가도록 내버려 두었다. 그리고 나는 끊임없이 앞으로 나아가기 위해 애썼다.

쫓기는 듯한 일상에, 지쳐가는 마음에 바짝 말라가던 나에게 활력이 필요했다. 그것인즉 나를 향한 노력이었다. 우울감에 빠져 있지 않으려는 노력, 한 걸음이라도 내딛으려는 노력, 습관처럼 약을 복용하려는 노력, 지난날은 흘려보내려는 노력…. 그 노력들은 나에게 귀하디귀한 빗방울이었다.

그러니까 지난 것은 지난 일로 묻어둘 것이다. 이 새로운 마음의 변화를 충분히 만끽하기에도 시간은 부족하니까.

최근에는 걱정되는 일이 없다. 이런저런 고민거리야 없을 수 없지만, 그게 걱정이나 불안으로 이어지지 않는다. 생각을 간결하게 정리하고, 목표를 잘게 쪼개었다. 하나하나 이루어 나갈 내 모습이 기대된다. 밑바닥에 있었던 자존감이 상승했다. 불안과 우울감이 줄어들자 행복과 만족감으로 채워진 기분이다.

덤벼봐라. 호락호락하지 않은 세상아.
괜찮아. 나도 호락호락하지 않으니까.

지금처럼 열정과 의지가 넘치는 상태가 오래 유지되길 바란다. 어쩌면 우울증 치료의 끝이 보이는지도 모르겠다. 비록 다시금 오랜 시간이 걸릴지 몰라도, 이렇게 천천히 한 발자국씩 힘주어 내딛다 보면 나는 완쾌라는 곳에 다다를 수 있을 것이다.

우울이 좀 갉아먹은 내 마음에도 새살이 돋아날 것이니까. 그래. 이제 좀 행복해 보자. 이제 그래도 돼.

∞ 완벽한 행복은 오지 않는다

너무 평범해서 기억에도 남지 않을 어느 날, 업무를 마치고 집에 돌아와 반려견을 안고 의자에 앉아 휴식을 취했던 적이 있다. 마음이 평화로웠고, 오늘 하루도 무사히 잘 살았다는 안도감이 온몸에 퍼졌다. 그 몽글몽글하게 피어오르는 감정이 신기하게 느껴졌다.

행복의 기준을 높게 설정하고, 그것을 달성하기 위해 발버둥 쳤던 것이 행복을 느끼지 못한 가장 근본적인 이유였을까. 행복이란 감정은 드라마에나 등장하지 현실에서는 느끼지 못하는 건 줄 알았다. 그래서 행복하기 위해 노력해야 하는 걸 몰랐고, 쉽게 체념해 버렸다.

하지만 내 삶의 여기저기서 행복을 이미 느끼고 있었는지도 모르겠다. 이제야 그 감정을 직면한다. 내가 세워놓은 높은 기준에 가려져 있던 행복. 돈을 아주 많이 벌거나 꿈을 이뤄야만 느낄 수 있다고 믿었던 행복이 이렇게나 사소한 것에서 느껴질 줄은 미처 알지 못했다. 부정적인 감정 신호는 누구보다 빠르게 알아차리면서 왜 긍정적인 감정은 애써 모른 척하려 했을까. 지친 마음을 어루만져 줄 작은 여유 틈에 나는 분명 행복을 느꼈다.

    삶은 노력한다고 해서 항상 그만큼의 대가를 받는 것은 아니다. 노력은 나를 자주 배신한다. 그럴 때마다 진이 빠지기도 했다. 항상 열심히 뛰어도 대가는 내 기대와 달리 형편없었으니까. 그 배신감 앞에서 나는 더욱 작아졌고, 그래서 나는 스스로를 불행하게 만들었다. 하지만 이제는 다르게 생각하기로 마음먹었다. 반드시 엄청난 일을 해내거나 지쳐 쓰러질 때까지 뛰지 않아도, 나는 괜찮은 삶을 살고 있다는 생각을 소중한 동아줄마냥 붙들어보려고 한다.

    요즘은 잠자리에 들 때 아무 생각을 하지 않는다. 늘 미래를 걱정하느라 현실을 즐기지 못했는데, 6년이란 시간 동안 상담을 받고 약물을 복용하면서 난 많이도 치유되었다. 그중 오늘을 만족하며 살았다는 자신감이 나를 변화시킨 가장 큰 이유라고 생각한다.

    이 세상에 완벽한 행복은 없다. 완벽하게 채워지는 행복이란 것이 있었으면 좋겠지만 인생은 언제나 결핍이 있고 불완전하다. 그래서 끊임없이 행복해지기 위해 노력하는 것이야말로 정말 멋진 삶이다.

    나는 하고 싶은 일이 많다. 무언가를 하고 있을 때도 다음 일을 생각한다. 내가 좋아하고 원하는 것들을 하면서 내 안에 뚫려 있는 결핍을 메워보려고 한다. 그 텅 빈 틈에 우울함보다는 내가 좋아하는 행복함으로 메우고 싶다. 나는 하고 싶은 일을 할 때 행복하다. 예를 들어, 늦은 밤에 감정에 충분히 젖어서 글을 끄적거리는 행위 같은 것.

누구에게나 결핍을 충족시킬 수 있는 방법이 있을 것이다. 다만 이미 찾았는지, 아니면 찾고 있는지의 차이다. 좋아하는 일만 하면서 살 수 있는 사람은 세상에 많지 않다. 비록 좋아하는 일로 성공할 수는 없다 해도 '뭐 어때. 내가 좋아하는 일을 할 거야. 누가 뭐래도 나는 나 하고 싶은 대로 살 거다.'라는 마음가짐을 가졌으면 좋겠다.

∞ 손끝 하나 움직이기 힘들다는 걸 알아

'또 우울증이 오고 있네.'

가장 첫 신호는 무기력이다. 아무것도 하기 싫고 몸이 방전된 것처럼 중력에 짓눌려서 움직일 수가 없다. 그럴 때는 하루 종일 자기만 하고, 때로는 이틀을 몽땅 자버리기도 한다.

그렇게 긴 무기력에서 깨어나게 되면 죄책감이 나를 짓누른다. 그 죄책감에 나는 다시 무기력해진다. 뫼비우스의 띠처럼 돌고 도는, 그래서 지쳐 버리고 쉽게 벗어날 수 없는 악순환이 시작되는 것이다.

지인들은 나에게 너무 집 안에만 있어서 그런 것이라며, 나가서 햇볕도 쬐고 잠깐이라도 걸으라고 이야기한다. 몸을 바쁘게 움직이면 우울하지 않을 테니 뭐라도 하라고 말이다. 모든 게 의지박약 때문이라는 서글픈 이야기도 종종 듣는다. 우울증과 긴 싸움을 하는 내가 설마 그 간단한 사실을 모를까. 한 드라마에서 신발을 신을 힘조차 없는 사람에게 무조건 나가서 햇볕을 쬐라고 하는 것이나 숟가락을 들 힘조차 없는 사람에게 무조건 밥을 먹어야 기운이 난다고 하는 것은 일종의 폭력이라는 대사가 나온다.

 움직여야 벗어날 수 있다는 것을 알지만, 그게 죽는 것보다 더 힘들다고 느낀다. 손가락 하나 움직이는 것조차 내 마음대로 컨트롤되지 않을 때, 그 무책임하고 불필요한 말들이 얼마나 잔인하고 절망스럽게 들리는지, 말하는 이들은 아마 모를 것이다. 깨어 있어서 아프고, 깨어 있어서 생각을 하는 것이다. 점점 깊어지는 골이 한계에 다다를 즈음에 나는 잠을 잔다. 아무 생각도 하기 싫고, 감당할 수 없는 아픔을 잊기 위해서. 스스로도 눈치 채지 못하게 내 몸이 알아서 나를 잠재워 주는 것이다. 일종의 방어기제라고 할 수도 있을 것이다.
 부디 바라는 것이 있다면, 이런 나의 방어기제가 게을러서거나 의지가 약해서라고 생각하지 말아주길 바란다. 나는 살고 싶어서 있는 힘을 모두 끌어 모으고 있는 중이니까 말이다. 영원히 잠들고 싶다는 생각과 진땀 흘리며 싸우고 버티고 있는 중이니까.

 하루를 쉽게 보내지 않겠다는 다짐을 하며 나 자신을 설득한다. 거창한 것은 아니지만 무엇이라도 해내고 싶었다. 기지개를 켰다. 종일 누워 있어서 찌뿌드드했던 몸이 개운했다. 그것만으로도 족했다. 오늘은 우울과 싸워서 이겨냈다는 생각이 들었다.

나 우울을 쫓아내고 기지개를 켰어. 어렵지만 분명히 성취감이 드는 하루였다.

스케줄 표에 적어놓은 일을 하나도 하지 않았다. 그저 읽고 또 쓰기만 했다. 그랬더니 좀 나아졌다. 나는 워커홀릭이다. 계속해서 끊임없이 무언가를 해야만 만족을 얻는다. 쉼을 쉽게 허락하지 않는 나는 자주 삶을 외면하고 싶어진다. 그래서 깊은 잠에 빠지게 되는 것임을 알고 있다.

유일하게 나에게 허락하는 휴식, 유일하게 스트레스를 풀어주는 일, 유일하게 나를 위해 하는 비생산적인 행동. 그 창구가 잠일 뿐이다. 일어나면 나는 또 기계처럼 움직여야만 하는 것을 알고 있다.

어디서부터 어떻게 고쳐 나가야 하는지 방법을 모르겠다. 일주일 중 하루 스케줄에 '휴식'이라는 단어를 적어놓는다. 하지만 제대로 휴식을 취한 날은 단 하루도 없었다. 일주일 동안 완료하지 못한 일은 늘 있었고, 그래서 나는 휴식이라는 스케줄을 무시한 채 무언가를 했다. 특히 요즘은 하고 싶은 일이 많아져서 더 그랬다. 잠을 자는 시간이 점점 늘어난다. 12시간에서 17시간, 20시간, 30시간까지도 잠을 잔다. 도망 다니는 알람시계도 사봤지만 도움이 되지 않는다.

앞으로는 잠에서 깨어나면 가장 먼저 기지개를 켤 것이다. 그리고 아무 일도 하지 않아도 되니까 깨어나자, 라는 생각만 하려고 한다. 깨어 있는 동안에는 일을 해야 한다는 압박에서 자유로워지려고 한다.

쉬는 것은 생활에 있어서 무척 중요한데, 난 늘 이 사실을 간과해 왔다. 틈틈이 TV도 보고 아무 생각 없이 누워 있기도 해보려고 한다. 오늘 하루를 잘 살았다는 생각을 하기 위해 '벼랑 끝까지 몰아붙이는' 짓에서 이제 벗어나려고 한다. 그렇게 조금씩 균형을 맞춰가다 보면 잠으로 현실을 도피하는 일도 줄어들 것이라 생각한다.

너무 지치지 않는 하루하루를 만들고 싶다. 죽을힘을 다해 버티는 하루가 아니라 살아가고 싶은 하루를 만들고 싶다. 도망가고 싶지만, 용기 내어 직면해 보려고 한다.

∞ 어떻게든 살아지네

20대 초, 난 잘못된 판단으로 큰 빚을 지게 되었다. 시작된 금액은 겨우 몇 백만 원에 불과했지만, 이자가 붙어서 천 단위로 커지게 됐다. 이 빚으로 인해 내 인생이 끝날 줄 알았다. 찌그러진 인생을 다시 반듯하게 펴낼 자신이 없었다. 그래서 죽고 싶다는 생각이 들었던 것 같다. 아무도 나를 도와줄 사람이 없고, 나도 스스로를 구원해 줄 수 없을 것 같았다. 돈이라는 건 인생에 있어 절대적으로 중요한 가치이다. 그 돈 때문에 나는 수없이 울었고, 수없이 무너져 내렸고, 수없이 드는 자책감에 방황하곤 했다.

지금도 금전적으로 여유가 있거나 풍족한 것은 아니지만, 별 것도 아닌 일에 많이 힘들어했구나 싶은 생각이 들어 지난 시절의 나를 많이 토닥여 주고 싶다.

"내 월급 빼고 다 올랐다."라는 말이 있다. 갚아야 할 큰 빚이 있는데 벌이도 시원찮았을 때는 정말 하루가 멀다 하고 '어떻게 살지?'라는 생각을 했다.

돈 때문에 막막한 것은 예나 지금이나 별반 다르지 않다. 하지만 중요한 건 돈이 내 삶을 좌우할 정도의 크기를 가진 존재는 아니다. 있으면 있는 대로, 없으면 없는 대로 또 살아지는 게 돈이었다. 죽을 것 같이 힘들 때도 견뎌내고 보면 또 어떻게든 살아지더라. 내가 가장 많이 했던 생각이다.

나는 돈에 대한 욕심이 많지 않았다. 지금은 자산을 만들기 위해 꽤나 노력하고 있지만, 과소비를 하거나 물욕이 있는 편이 아니다. 그렇기에 더욱더 돈에 집착하고 망가져 가는 게 싫었고, 돈 문제를 해결하고 싶은데 그럴 수 없음에 절망하여 스스로의 목을 졸랐다. 글쎄… 빚이 20억, 30억 되는 사람들에 비하면 나는 배부른 소리겠지. 하지만 나에게 천만 원 단위의 금액은 내 인생을 망가뜨리기에 충분한 액수였다.

나의 잘못된 생각은 꼬리에 꼬리를 물고 늘어졌다. 잘못된 선택지만을 고르는 악순환에 빠져 있었다. 그래서 나의 20대는 끔찍한 기억으로 얼룩져 있다. 다만 얻은 게 있다면, 지금의 나는 그렇지 않다는 것을 위안으로 삼을 뿐이다. 당장 모든 것을 해결하려고 조바심을 내는 것보다 할 수 있는 것부터 차근차근 해 나가는 것이 옳다. 해결되지 않을 것 같던 돈 문제도 언젠가는 사라질 것이며, 그 작은 성취감과 해방감은 내 삶이 나아지도록 도울 것이다.

돈이라는 게 별게 아니기도 하지만, 사람을 살게 할 수도 죽게 할 수도 있는 큰 가치인 것은 부정할 수 없다. 만약 돈 때문에 아주 힘든 순간이 오면 어떻게든 버텨보자. 아등바등 살아내보자. 그러면 분명히 '별거 아니었네. 어떻게든 살아지네.'라고 생각하는 순간이 올 것이다. 그런 경험이 하나둘 쌓아가다 보면 돈 때문에 살고 죽고 하는 것조차 우습게 느껴진다. 살기 위해서 돈이 필요한 건데 그 돈 때문에 삶을 포기하려 했다니, 나 자신이 불쌍해지려고까지 한다.

지금 서 있는 그 자리에서 이를 악물고 버텨보자. 그러면 반드시 위기를 넘길 수 있는 지혜와 경험이 쌓일 것이고, 그런 하루하루가 모이면 분명하게 살아 움직여 앞으로 나아가게 될 것이다.

"그때 결국 견디지 못하고 죽었으면 어쩔 뻔했어. 오늘이 없었을 거 아니야. 이 좋은 날이 없었을 거라는 건 너무 슬픈 일이야."

애인이 나에게 돈 때문에 울지 말라는 말을 해준 적이 있었다. 지금 당장 해결이 안 되는 돈 때문에 미치겠는데 울기조차 하지 말라니, 당시에는 이해하기도 힘들고 짜증만 났다.

하지만 이제 알겠다. 애인은 나에게 최선의 위로를 건넨 것이고, 나는 그 말에 위로받았음을. 그러니까 나는, 돈 때문에 힘들어하고 있을 사람들에게 보잘것없지만 작게나마 위로를 건네려 최선을 다하는 중이다.

    우선 살자. 살다 보면 결국 아무것도 아니었던 일들이 많다. 그러니 우선은 살아남기에 집중하자. 잘 살지 않아도 되니까, 일단은 살아내 보자.

∞ 시간에 쫓기지 말고 시간을 지배하는 사람이 되자

　내 인생은 늘 아슬아슬한 시간이 발목을 붙들었다. 항상 시간이 부족했고, 그러다 보니 약속 시간도 매번 간신히 도착했다. 살아가는 게 아니라 시간에 쫓기는 느낌이라서 매 순간이 불안하고 위태로웠다.

　나는 낮에는 활력이 없고 두뇌 회전이 느리지만, 밤에는 에너지가 넘치고 기운찬 전형적인 올빼미 체질이다. 그래서 사회생활을 할 때 정해놓은 규율을 지키는 게 너무 힘들었다. 꾸역꾸역 참아내며 1년을 버텼지만, 결국에는 아침에 기상하는 게 너무 힘들어서 일을 그만두어야 했다. 이후로는 프리랜서로 살며 아침에 일찍 일어나는 일은 피할 수 있었다. 하지만 이 일 역시 시간이 정해져 있는 업무이기에, 시간과 일에 쫓기며 살아갈 수밖에 없었다.

　나의 게으름과 나태함의 원인은 긴 수면 시간과 늦은 기상이었다. 나는 지금도 그 습관을 깨고자 노력하고 있다. 아침 8시에 기상하기. 다른 사람들에게는 한창 출근하고 있을 늦은 시간이겠지만 나에게 있어서는 꼭두새벽이다.

　아침에 일찍 일어나면 하루가 무진장 길다는 장점이 있다. 그러면 시간에 쫓기지 않고 정해놓은 스케줄대로 움직일 수 있다. 이모티콘 그리기, 글쓰기, 독서, 유튜브 동영상 제작, 블로그에 포스팅하기 등 취미 생활을 할 때도 여유를 가지고 즐길 수 있다. 나는 프리랜서라서 시간 관리가 매우 중요하다.

늦잠을 자고 일어나면 오늘을 망쳤다는 후회에 빠져 우울증이 자주 왔다. 하지만 앞으로는 그러고 싶지 않다. 늦잠을 자는 날이 있더라도, 깨어나서 자책하며 또다시 시간을 흘려보내지 말고 차라리 내일을 준비하고 싶다. "에휴, 또 늦게 일어났네."라는 과거형 후회보다 "앞으로는 알람을 끈 후에는 침대에 다시 눕지 말고 바로 일어날 거야."라는 미래형 다짐을 하는 것이 중요하다. 하루는, 긴 인생에 비하면 그다지 중요하지 않다. 내일의 해는 또 떠오르기 때문이다.

피로하거나 컨디션이 좋지 않은 날은 나를 이해해 주고 보듬어주자. 매일매일 일찍 일어나서 하루를 꽉 채워 살아가는 것은 불가능하다는 사실을 받아들이자. 아프거나 컨디션이 안 좋은 날까지 스스로를 몰아세우면 오히려 이후에 며칠을 앓아누워 버리는 부작용이 찾아오기도 한다. 그러니 쉼도 필요하다는 사실을 꼭 잊지 말고 나 자신을 정성껏 보살펴야 한다는 것을 명심하자.

물론 말처럼 쉽지만은 않다. 아침 기상을 다짐했지만 아직 실천하지 못했다. 그래서 여러 번 다짐을 외쳐본다. 건강을 위해, 꿈을 위해, 앞으로 남은 인생을 위해 나는 반드시 해낼 수 있으리라 믿는다. 어슴푸레한 새벽을 좋아하는 나는 아직도 올빼미 생활에 익숙하지만, 앞으로는 아침형 인간이 되기 위해 계속 노력할 것이다. 올빼미로 지내온 수많은 날들아, 이제는 안녕!

∞ 과거를 돌아보지 말고 현재의 나를 제대로 바라보기

나는 지난날을 자주 되새김질했다. 미성숙했던 나를 원망하고 미워했다. 지워 버리고 싶은 과거의 기억들을 자꾸 떠올려서 내 마음을 할퀴고 생채기를 냈다. 집착에 가까울 정도로 과거를 떠올리는 횟수가 잦았다. 지금의 나를 만들어낸 과거들을 부정하니 현재가 암울하고 우울하게만 느껴졌다.

과거의 내가 지금의 나를 본다면 어떤 감정이 들까? 아마도 깊은 감동과 안도로 가득 찰 것이다. 불안과 고난을 겪으며 이룩한 지금의 성취들을 보고는, 그 자리에서 주저앉아 울어버릴지도 모르겠다. 밥벌이는 하며 살 수 있을는지 모든 게 불안했던 그때의 내가 지금의 나를 마주한다면, 너무 고생했다며 격려하고 칭찬해 줄 것 같다.

지금의 나는 충분히 먹고 살 수 있을 정도의 전문적인 직업이 있으며, 꿈을 이루기 위해 에세이를 쓰고 있다. 죽을 만큼 힘들었던 우울증도 6년이 넘는 지속적인 치료로 많이 나아졌다. 그 과정은 비록 어려움과 고난의 연속이었을지라도, 끊임없는 도전과 노력을 통해 성취한 결과물이라고 생각한다. 혹시 그 과정 속에 있다면, 자신이 달성할 결과와 미래에 더욱 집중했으면 좋겠다. 우리는 분명 조금씩이나마 성장하고 있으니 말이다.

　최근 정신과에서 받은 우울증 검사에서 처음으로 정상 수치가 나왔다. 그 뜻 깊은 결과를 눈앞에 두고도 나는 기쁘지 않았다. 되레 아무것도 이룬 게 없고 나아가지 못하고 있다는 자책감에 사로잡혀 있었다.

　이제는 이런 과오를 겪고 싶지 않다. 남들과 비교하지 않고 '나 정말 열심히 살고 있구나.'라고 격려해 주고 싶다. 앞만 본 채 열심히 달리다 보면 얼마나 많이 나아갔는지 모르게 된다. 그저 쉬지 않고 달려야 한다는 압박과 부담감에 스스로를 응원하기란 쉽지 않기 때문이다.

　하지만 쉼이 있어야 달릴 수 있는 법이다. 자신을 사랑하는 방법은 크게 어렵지 않다. 나를 있는 그대로 바라봐 주고, 인정해 주는 것이다. 내가 이룬 것들에 대한 성취감을 바탕으로 칭찬해 주고, 지금을 살아내고 있다는 현실감을 바탕으로 위로해 주는 것, 그뿐이다.

　혹시 이룬 것이 없다 해도, 그것보다 더 중요한 게 있다. 내가 지금 존재하는 현재와 앞으로 나아갈 미래가 더욱 중요하다. 이미 지나간 과거와는 작별하는 습관을 들이자. 그리고 내가 통제할 수 있는 현재를 열심히 살아내고, 달콤한 미래를 꿈꾸자. 그게 지금 내가 할 수 있는 유일한 일이다.

∞ 다시는 타오르지 못할 듯 뜨겁게 사랑하라

내 인생에서 사랑을 뺀다면 아무것도 남지 않을 것이다. 나는 한 사람과 10년째 연애를 하고 있기 때문이다. 이전의 사랑으로 인해 아파하기도 하고, 그래서 새로운 연애가 두려웠던 적도 있다. 그럼에도 불구하고 사랑했고, 결국 나는 소중한 연인을 만날 수 있었다.

애인은 나보다 3살이 많지만, 훨씬 어른다운 성품과 세상을 잘 아는 연륜이 있다. 애인은 내 인생에서 많은 순간에 길잡이가 되어주었다. 책임감이 부족하고 모난 성격이었던 나는 지금의 애인을 만난 후 많은 부분이 변화했다. 애인의 순하고 이타적인 성격에 많이 영향을 받아서 함께하는 시간이 길어질수록 나 역시 그런 성향이 더해진 것 같다. 예전의 나는 날카롭고 충동적이고 즉흥적이었지만, 이제는 신중해지고 감정을 잘 조절할 수 있게 되었다. 이런 변화들은 내 곁을 오래도록 지켜준 애인 덕분이었다.

오래된 연애가 주는 안정감이 좋다. 새 신발에 익숙해지기 위해 뒤꿈치가 까지는 아픔 따위는 필요 없다. 나에게 딱 익숙해진 편한 신발이 너무도 사랑스럽다. 처음이 주는 설렘과 두근거

림이 좋지 않다는 건 아니다. 다만 그것보다 편안하고 익숙한 것에 더 끌리는 것일 뿐이다.

하루의 일상과 내 감정을 세세히 말하지 않아도 모든 것을 알아주는 사람이 있다는 것 자체가 설렘이다. 미묘한 표정 변화를, 살짝 달라진 말투를 굳이 설명하지 않아도 알아주는 사람이 있다는 것은 흔치 않은 행운이다.

물론 서로에게 너무 익숙해진 탓에, 상대방의 힘듦이 느껴진들 무심히 넘기는 날도 있다. 상대방의 서운함을 눈치 채고도 살피려 하지 않는 날 또한 있다. 그럴 때마다 다시금 떠올리곤 한다. 익숙한 것의 소중함을 간과하다가, 사라지고 난 후에 느낄 고통의 무게를.

매 순간 사랑받고 있다고 느끼게 해주는 사람이 있기에 진정으로 타인을 이해하고, 배려하고, 사랑하는 방법을 배울 수 있었다. 우울증 치료에도 많은 도움이 되었다. 내가 어떤 행동을 해도 나를 믿어주는 사람이 있다는 것에 불안함이 줄어들었고, 우울감에 빠졌을 때 다시 일어설 수 있는 힘이 되어주었다. 엄마도 새아빠를 만난 후 분노조절장애가 줄어들었고, 삶에 대한 의지가 커졌다는 걸 느낄 수 있었다. 내가 아낌없이 사랑할 수 있고, 나를 변함없이 사랑해 줄 수 있는 사람을 만나면 인생을 많이 변화시킬 수 있다.

사랑은 사람을 충분하게 변화시켜 줄 수 있는 커다란 힘을 가지고 있다. 그래서 모든 사람에게 다시는 타오르지 못할 만큼 뜨겁게 사랑하라는 말을 전해주고 싶다.

물론 이 사랑 역시 언젠가는 끝날 수 있다. 하지만 타인을 진정으로 사랑하는 방법을 배울 수 있다는 점에서 사랑은 끊임없이 계속되어야 한다고 생각한다. 연인이 아닌 가족이나 친구도 괜찮다. 우리는 삶을 살면서 사람에게 많은 상처를 받는다. 하지만 치유하는 힘 역시 사람을 통해 얻는다. 그 시간들이 모여 인생이 된다.

우울증을 치료하느라 주위 사람들에게 많은 사랑을 표현하지 못했다. 삶이 너무 힘들고 버거워서 주위의 감정을 보살피지 못했다. 그럼에도 불구하고 지금 내가 행복할 수 있는 가장 큰 이유는, 사랑하는 사람들이 내 곁에 있어서다. 나를 지켜주는 애인과 소중한 가족, 친구들이 있기에 내가 진정으로 행복할 수 있게 되었다. 마음이 가난해지고 버거워질수록 사랑하며 사는 일이 무엇보다 중요하다는 것을 깨달았다.

사람은 누구나 상처받으며 살아간다. 가끔씩 나에게 상처 주었던 사람들이 떠올라 괴로울 때가 있다. 그러면 새로운 사람을 사귀는 일도 두려워지고, 타인과의 소통에 싫증이 나기도 한다. 그 감정들로 인해 꼬박 밤을 새기도 한다.

하지만 결국 내리게 되는 결론은, 사람은 혼자서 살 수 없다는 것이다. 사람은 사회적 동물이라 끊임없이 다른 사람과 상호작용을 하며 함께 어울림으로써 자신의 존재를 확인하는 동물이다. 그러니 어떤 사람들과 관계를 어떻게 잘 맺을 것인지를 고민해야지, 소통 자체에 반감을 가지면 안 된다고 생각한다.

나는 내 주변에 있는 소중한 사람들을 굉장히 믿고 의지하는 편이다. 그래서 사람 없이는 살지 못할 것 같다. 사람에게 크게 상처받거나 심지어 잃은 적도 있지만, 그럴 때마다 교훈을 얻었다. 사람을 잃으면서 배웠던 교훈은 삶을 살아가는 데 큰 밑거름이 되어줄 것이다. 그러니까 과거의 감정에 사로잡혀 현재의 사랑을 방해하는 것은 옳지 않다. 우리는 과거의 경험을 통해 배우고 성장할 수 있지만, 그것이 현재를 놓칠 정도로 우리를 지배하게 해서는 안 된다. 대신에, 우리는 현재를 살아가며 사랑과 긍정적인 감정을 끊임없이 키워 나가야 한다. 과거를 반성하고 배움으로 삼되, 과거에 사로잡히지 않고 현재를 즐기며 사랑과 행복을 추구해야 한다. 나는 앞으로도 더욱 사랑할 것이고, 또 사랑받을 것이다.

∞ 다시 일어섰던 수많은 순간들을 잊지 말자

　진심을 다해 성취하고자 했던 것이 좌절되면 어김없이 우울이 시작된다. 그 목표가 반드시 커야만 하는 것은 아니다. 사소한 아르바이트 면접에서 떨어지거나 오늘 하루의 목표를 달성하지 못한 날에도 벼랑 끝으로 내몰리는 침울한 감정을 느낀다. 나는 실패한 사람이고 그래서 살아갈 이유가 없다고 느끼며 스스로를 미워하기 시작한다.

　중요한 시험이나 정말 가고 싶었던 회사 면접에서 떨어지면 주체할 수 없을 정도로 불안함에 빠지곤 했다. 내 삶이 다 엉망진창이 되어버린 것 같은 착각, 그 무서운 착각이 미친 듯이 나를 휘저어 버린다. 다시 첫걸음부터 뗄 자신이, 다시 새 돌멩이부터 쌓아올릴 자신이 없으니까.

　오랫동안 공들여 준비한 시험을 보는 날이나 중요한 날을 앞두고서는 그 불안함이 배가되어 다가왔다. 컨디션이 안 좋아서, 혹은 긴장해서, 혹은 운이 안 따라주어서 등 무수히 많은 이유들로 내가 원하는 성과를 이뤄내지 못할 수도 있을 것이다.

　내가 두려운 건, 어쩌면 이뤄내지 못할 수도 있다는 사실 자체보다 내가 주저앉을 깊이인지도 모르겠다. 하지만 어떤 결과가 오더라도 잊지 말자는 생각을 해본다. 이건 아주 사소한 바람에 불과하다. 바람에 휘청거릴 수도 있다. 휘청거리는 나 자신까지 비난하지 말자. 곧 바람이 잦아들면 나는 다시 곧게 설 수 있을 테니까.

지금까지 무수히 많은 시간을 보내온 내 삶이 증명하고 있다. 난 다시 일어설 수 있는 의지가 충분한 사람이라는 것을. 그 어떤 고난과 아픔도 결국은 이겨냈다는 것을. 그러기에 지금 내가 여기에 비로소 존재하고 있다는 것을 절대 잊지 말아야 한다.

인생의 어려운 순간이나 우울한 감정에 휩싸였을 때, 내가 이겨냈던 많은 어려움을 계속해서 떠올린다. 그때도 다시 힘을 내어 일어났던 내 모습을 상기하면서, 이번에도 그럴 수 있을까 고민한다. 내가 이제까지 살아온 삶과 그 경험들이 내게 충분한 자신감을 준다.

힘이 들 때일수록 내가 가장 어려웠던 순간을 생각하는 것이 되레 도움이 되는 경우가 생긴다. 그때 난 정말 죽을 것 같이 힘들었는데 이렇게 잘 살아 있잖아, 라는 생각이 들면 두려운 감정이 조금은 잦아든다. 나에 대한 믿음, 나에 대한 신뢰, 너무나 당연하게 가지고 있어야 하는 것들이지만 자존감이 낮은 나에게는 커다란 산처럼 느껴지는 과제들이었다. 그럼에도 주문을 거는 것처럼 나에게 끊임없이 말한다.

"너는 할 수 있어. 지금껏 그래 왔듯이."

'실패는 성공의 어머니'라는 글귀를 좋아하지 않았다. 실패가 교훈은 될지언정 실패라는 사실 자체가 감당하기 어려운 것이니까. 하지만 과거에 실패하고 다시 일어섰던 모습이 현재에 긍정적인 영향을 준다는 사실은 분명했다. 실패나 좌절의 이유는 중요하지 않았다. 어떤 벽에 부딪혀 넘어졌거나 어떤 사건으로 무너진 순간이 있었더라도 그 좌절감을 극복했다는 사실이 중요한 것이었다.

어렵고 힘든 순간에는 꼭 되새겨야 한다. 나는 어떤 시련이 와도 무너지지 않았고, 앞으로도 무너지지 않을 것이라는 사실을 말이다.

∞ 행복을 익숙한 감정으로 만들기

 글은 기분이 좋은 날에 써야 한다는데, 나는 우울할 때 습관처럼 글을 쓴다. 그래서 내 글은 항상 무겁고 습한 냄새가 난다. 아마도 무거운 마음을 글에다 표현함으로써 가벼워지기 때문인 것 같다. 좋은 감정도 기록해서 꺼내보아야 하는데 나는 글을 감정 쓰레기통으로만 생각해 왔다.

 기분이 좋은 오늘, 글을 써본다. 행복하다는 것은 걱정이 없다는 말과 동의어다. 나는 지금 걱정과 고민이 없다. 하루하루를 충분히 만끽하면서 살아가고 있는 것 같다. 무엇보다 하고 싶은 일을 하면서 보내는 시간이 많아서 좋은 요즘이다. 또한 하기 싫은 일을 억지로 하지 않아도 되는 시기라서 나는 종종 평온함을 느끼고 행복함을 얻곤 한다. 나를 괴롭히는 사람도, 사건도 없다.

 물론 모든 일이 잘 풀리거나, 내 뜻대로 된다는 것은 아니다. 여전히 걱정과 고민은 있고, 잘 풀리지 않거나 답답한 일들도 산더미처럼 많다. 하지만 생각과 감정을 비워내는 치료 과정을 통해 나는 부정적인 정서들을 많이 떨쳐내고, 이로써 사소한 일에 크게 상처를 받지 않고 단단해질 수 있었다.

내가 단단해지다 보니 자연스럽게 행복이라는 결과물이 내 손에 닿았다. 예전에는 이렇게 행복했던 순간에도 나는 불안해했다. 옷을 잘못 입은 것 같은 불편함과 함께 감정이 얽히고 얽혔다. 이러한 잔잔함을 느낀 후에도 때로는 닥칠 다른 슬픔과 우울을 미리 걱정하는 경향이 있었다.

'어? 나 행복해? 나는 우울한 사람인데.'

이런 생각이 들면 슬퍼지곤 했다. 마음대로 행복하지도 못하고 또 스스로를 우울하게 만들려고 하다니. 안 된다. 내 주된 감정에 행복과 안정이 스며들 수 있도록 노력해야 한다. 불안한 마음은 현실을 비관하도록 만들기 때문이다.

나는 내게 일어난 안 좋은 일들만 떠올리고, 하던 일이 곤란해지면 세상이 날 버렸구나 낙담했다. 하지만 지금은 불안증을 극복하고 행복함을 느낄 수 있는 이유는, 모든 게 잘 풀리고 원하는 바가 이루어져서가 결코 아니다. 내 곁을 지켜주는 가족이 있어서 감사해졌고, 사소한 일과를 나눌 수 있는 애인이 있어서 행복해졌고, 나를 사랑해 주는 강아지가 있어서 하루가 소중해졌다. 사소한 것에서부터 행복함을 느끼자, 인생을 긍정적으로 바라보고 자신을 사랑할 수 있는 의지가 생겼다. 긍정적인 마음이 삶에 스며들었을 때, 모든 일은 과정에 지나지 않는다는 생각을 했다. 설사 뜻대로 되지 않는 일이 있더라도 다음에는 되겠지, 하는 희망으로 견뎌낼 수 있는 힘이 생겼다.

행복해지고 싶다면 지금 내가 가지고 있는 것들에 집중해 보자. 나는 아주 작은 행복이라도 느꼈다면 하루 종일 되뇌었다. '나 지금 행복하다.' 이런 것도 행복이다. 행복은 큰 게 아니어도 돼. 행복을 만끽할 거야. 그러다 보니 어느 순간부터 행복이 더 이상 불편한 감정으로 받아들여지지 않았다. 그래서 또 행복하다. 그래, 행복할 땐 오로지 그 행복을 즐기는 것이 옳다.

이 순간이 곧 지나가고 다시 우울함에 빠질 수도 있다. 하지만 그런 건 중요하지 않다. 지금 현재가 그렇지 않기 때문이고, 앞으로의 일은 누구도 알 수 없으니 말이다. 그러니 이 순간을 즐기는 것이 맞다. 행복은 쉽게 찾아오지 않는다. 그 소중하고 귀한 순간까지 걱정과 불안으로 물들여 버리기에는 현재가 너무 아깝고 진귀하다. 그러니까 행복이라는 거 두려워하지 말고 행복하기만 하자. 나는 충분히 행복할 수 있는 사람이다. 행복에는 자격이 없다. 누구나 행복할 수 있는 권리를 가지고 있다. 그러니 행복이 다가왔을 때는 이 세상 그 누구보다 행복함을 온전히 느끼며 행복에만 집중하자.

∞ 잘 먹고 잘 자는 것이 기본이다

 우울증 치료의 시작은 잘 먹고 잘 자는 것이다. 아무리 건강한 사람이라도 먹고 자는 게 어려워진다면 몸과 마음은 빠르게 병들어갈 것이다. 나 역시 우울증이 깊어질 때 식욕이 없거나 불면증 혹은 과수면에 빠지는 게 가장 힘들었다. 헛구역질을 할지언정 밥 때가 되면 음식물을 억지로 우겨넣고, 수면의 질이 좋지 않더라도 자야 할 시간이면 이를 악물고 잠자리에 누웠으며, 일어나야 할 시간에 일어난다. 생각보다 꽤나 큰 노력이 뒤따라야 하는 일이다.

 잘 먹고 잘 자야 감정을 조절할 수 있는 힘이 생기고 하루를 견딜 수 있다. 내가 할 수 있는 최선의 방법을 다해 먹고 자야 한다. 둘 중에 하나라도 결핍이 된다면 우울증은 단 한 치도 나아지지 않는다. 조금만 더 욕심을 부리자면, 30분이라도 밖으로 나가 햇볕을 쬐는 것이다. 가벼운 산책을 통해서라도 바깥 공기를 마시고, 활기차게 살아가는 타인들을 보며 환기를 시키는 것 역시 중요하다.

 잘 자지 않고, 잘 먹지 않고, 햇볕도 쬐지 않은 채 집 안에서만 생활한다면 건강한 사람도 우울증에 빠질 것이다. 이 기본을 지키지 않으면서 우울증을 치료하겠다는 어리석은 생각을 해서는 안 된다. 먹고 자는 기본적인 것 하나도 해내지 못한다면 치료는커녕 악순환만 지속될 뿐이다.

　물론 우울증이라는 것은 기본적인 생활조차도 힘들게 만든다. 자고 싶을 때는 잠이 안 오고, 일어나야 하는데 몸이 무거워 손가락 하나 까딱하기 어렵다. 먹어야 할 때는 음식만 봐도 털이 곤두설 만큼 역겹게 느껴지고, 먹지 말아야 할 때 오히려 충동적으로 음식물을 섭취하게 한다. 불면증이 생기면 우울함에 빠져들기 쉽다. 잠이 안 와서 생각이 많아지는 것인지, 생각이 많아서 잠이 안 오는 것인지 분간하기가 어려워진다. 몸은 지쳤고, 감긴 눈꺼풀은 무겁기만 한데 머리는 쉴 새 없이 돌아가며 분주하다.

　다행히도 한 가지 긍정적인 변화가 있다. 예전의 나는 이런 시간에 주로 과거를 끌고 왔다. 그 과거에 다시 상처받고, 다시 아파했고, 끝내 후회하고 말았다.

　우울증이 많이 호전된 지금, 나는 과거가 아닌 미래를 생각한다. 내가 해야 할 일들을 정리하고, 원하던 걸 이루어냈을 때의 모습을 상상하며 설레어한다. 그러다 보면 가끔씩은 풀지 못했던 숙제를 해결하게 되거나, 고민이 해소되기도 한다. 이런 변화는 확실히 좋은 것이다.

잠을 못 자면 다음 날은 완전하게 망가져 버린다. 몸이 처지고, 머릿속은 뿌연 안개가 낀 것처럼 흐리멍덩하고, 두 눈은 뻑뻑하다. 입맛은 더 없어져 밥이 모래알처럼 느껴진다. 그럼에도 제 시간에 일어나서 먹고 생활을 이어나가야만 한다. 우리는 우울증에 나를 버려두기로 하지 않고, 나아지기로 결심한 사람들이다.

하루아침에 모든 것이 정상적인 사람처럼 바뀌지 않는다. 서서히, 조금씩 힘주어 노력해야 한다. 가끔은 도저히 안 될 것 같다는 좌절감에 빠질 정도로 하루를 망쳐 버릴 때도 있고, 원래 그래왔던 사람처럼 모든 게 잘 풀리는 하루도 있을 것이다. 살아가면서 순간순간이 모두 행복할 수 없고, 모두 괴로울 수만은 없듯이 우울증 치료 과정도 마찬가지다. 분명한 것은 내가 하는 모든 노력들이 차곡차곡 쌓여 언젠가는 완치라는 결과물을 가져올 거라는 희망을 가져야 한다는 것이다.

오늘이 좋았든 좋지 않았든 삶은 계속된다. 그렇기에 우리는 매일 치열하게 먹고 자고 살아가야 한다. 그러니 잊지 말자. 잘 먹고 잘 자는 것이 건강한 삶에 가장 기본이라는 사실을.

∞ 체력을 키우는 것은 인생의 밑바탕이 된다

치료하면서 알게 된 게 있다. 아프다는 느낌이 들 때, 몸이 아픈 것인지, 정신적으로 허약해진 것인지 잘 분간이 되지 않는다는 것이다. 머리가 어지럽고 무겁고 깨질 듯이 아파도, 휘청거릴 정도로 온몸이 쑤셔도 나는 내가 게을러서라고 생각하며 또 무기력증이 찾아왔다는 생각의 오류를 범하게 된다.

그러다 며칠을 앓고 나서야 나 진짜 아프구나, 몸 상태를 인정해 준다. 아플 때 쉬어야 할 권리는 누구에게나 있음을 주장하면서도 정작 내가 쉬어야 하는 순간에는 스스로를 더욱 몰아붙인다. 이것도 못해서 어떡할래? 내가 나를 옥죄고 짓눌러 버린다. 진짜 몸이 아프지 않았다 하더라도 그게 무슨 상관이 있었을까? 정신과 마음이 아픈 것 또한 휴식이 필요한 것임을 나는 늘 생각하면서도 정작 필요한 순간에는 잊어버리고 만다. 그렇게 스스로를 채근하면 나는 되레 잘해내고 있다는 성취감을 느낀다. 가끔은 나도 나로 사는 게 너무 피곤하다.

모든 일은 체력이 기본이다. 돈을 버는 것도, 좋아하는 일을 하는 것도, 사랑하는 것도 체력이 있어야 가능하다. 몸과 마음이 튼튼해야 할 일을 버틸 수 있는 힘이 생기고, 하고 싶은 일을 할 여유와 여력이 생긴다.

5일 내내 아팠다. 가끔 일어나서 넘어가지 않는 밥을 꾸역꾸역 밀어넣고 다시 잠을 잤다. 할 일은 쌓여가는데 몸이 말을 듣지 않았다. 나이가 들수록 아프면 자기 손해라는 말에 절실히 공감한다. 내 시간을 깎아먹는 게 정말이지 싫다.

한바탕 앓고 나니 컨디션이 좋아졌다. 그럴 때 체력을 비축하고 배분해서 쓰는 연습이 더 필요할 것 같다. 나는 거의 탈진할 정도로 에너지를 소비해야지만 하루를 완벽하게 보낸 것 같다는 생각에 몰두해, 나를 몰아붙이다가 이렇게 가끔 고꾸라지는 것이다. 오히려 나를 망치고 뒷걸음질 치게 만드는 결과를 가져온다.

"정신력은 체력의 보호 없이는 구호밖에 되지 않는다."는 미생의 명대사가 생각이 난다. 체력이 없으면 모든 일이 다 버겁게 느껴지고, 하루하루를 살아가는 데 급급해질 수밖에 없다. 꾸준한 운동과 규칙적인 생활 습관을 바탕으로 단단하게 쌓여진 체력은 모든 인생살이의 밑바탕이 된다. 건강한 몸만큼 나를 제대로 받쳐줄 수 있는 건 없다.

단기간에 이루어내야 할 일도 아니고, 단기간에 만들 수도 없다. 꾸준하고 천천히 자기만의 페이스를 유지하면서 체력을 쌓아 올려야 한다. 그러니까 제발 천천히 좀 가보자고. 인생은 긴 마라톤이니까.

5장
잊지 마, 너는 아직 깎이지 않은 원석이야

∞ 꿈은 클수록 위대해진다

　나는 종종 망상에 빠지곤 한다. 엄청 유명한 작가가 되어 사인회를 한다든지 북콘서트를 하고 방송에 출연해 인터뷰를 하는 상상 따위이다. 정말로 어떤 질문을 받은 것처럼 말하면서 시간을 보내기도 한다. 인기 작가가 되어 TV 프로그램인 '유 퀴즈 온 더 블럭'에 출연하는 상상을 하면 가슴이 아주 벅차오른다.

　누군가는 쓸데없는 망상이라고 비난할지도 모르지만 나에게는 이런 상상들은 굉장한 동기부여가 되고, 자존감을 올려주며, 일하고 글 쓰는 것을 재미있게 해준다. 성공을 위해서는 매일 성공할 거라는 다짐을 하고 실제로 글로 적어보는 것이 많은 도움이 된다고 한다. 그래서 내 다짐을 적어본다.

　〈나는 올해 안에 책을 출간하고, 그 책이 10만 부 이상 팔려 인기 작가가 될 것이다. 또한, 시간이 흐를수록 나만의 색이 짙은 소설가로 성장할 것이다. 이를 통해 글쓰기만으로도 생계를 유지할 수 있는 작가로 거듭나 행복한 삶을 살 것이다.〉

단순히 글로 적는 것만으로도 너무 행복해지고, 벌써 꿈을 이룬 것마냥 웃음이 난다. 꿈이 있다면 글로 세세하게 써보는 것을 정말 추천한다. 꿈은 크면 클수록 위대해진다. 그리고 그만큼 커다란 꿈에 다가가기 위한 나의 노력도 계속될 것이다. 나는 꿈을 글로 상세히 적어보는 방법으로 많은 용기를 얻었고, 다시 일어설 수 있는 힘 역시 얻을 수 있었다.

삶에서 꿈은 매우 중요하다. 꿈을 통해 나를 성장시키고 발전시킬 수 있는 목표가 계속해서 생겨나기 때문이다. 누구의 시선도 신경 쓰지 않고, 타인과의 비교도 하지 않고, 진심으로 내가 원하는 것과 내가 되고 싶은 사람을 구체적으로 상상하는 것이 좋다. 백만장자가 되든 늦깎이로 공부를 하든, 나의 꿈에 대해 누구도 훈수를 둘 수 있는 권리는 없다. 어떤 꿈이든 자신감을 가지고 체계적으로 계획하고 도전하는 것이 중요하다.

우울증을 치료하는 과정에서도 명확한 목표를 세우고 그것을 이루어 나가는 과정이 매우 중요하다. 작은 목표부터 조금 더 큰 목표로 나아가면서, 무기력증에 휩쓸릴지라도 서서히 벗어날 수 있다. 이러한 목표들은 아주 사소한 것일지라도 괜찮다. 강아지 산책시키기, 소중한 사람에게 전화하기, 눕고 싶을 때 일어나서 샤워하기와 같은, 당장 실천할 수 있는 목표를 세우는 것이 중요하다.

꿈과 완치에 대한 위대한 목표를 세우면, 그 꿈을 위해 오늘을 잘 살아야 한다는 생각이 든다. 이러한 생각은 무거운 몸을 일으켜 뭐라도 해보려는 욕구를 일으킨다. 내 생애에서 일어날 것 같지 않은 원대한 꿈이라도, 그 꿈을 향해 나아가다 보면 결국 어딘가에 다다를 것이다. 그 종착지가 어디든, 결말이 어떻든지 간에 중요한 것은 결국 나 자신이 나아간다는 것이다. 그러므로 우리는 꿈을 꾸고, 그 꿈을 향해 매일 조금씩 꾸준히 나아가야 한다.

∞ 무슨 생각을 해, 그냥 하는 거지

전 피겨스케이팅 선수 김연아의 유명한 동영상이 있다. 한 PD가 스트레칭을 하고 있는 김연아에게 "무슨 생각 하면서 하세요?"라고 묻자 "무슨 생각을 해요, 그냥 하는 거죠."라고 대답하는 장면이다. 가수 겸 배우인 비 역시 운동할 때 무슨 생각을 하냐는 PD의 질문에 아무 생각 없이 운동한다고 말한 동영상이 있다. 우리는 종종 하기 싫지만 해야만 하는 일을 마주하게 된다. 소소하게는 매일 반복되는 업무가 그러하며, 나아가서는 운동, 자기계발, 공부 등도 마찬가지이다.

하기 싫다는 생각이 들면 자기합리화를 하게 된다. 나 역시 글이 쓰기 싫은 날에는 그러하다. 오늘은 일을 너무 많이 해서, 머리가 아파서, 컨디션이 좋지 않아서 등의 이유를 대며 포기하고 싶어진다. 하지만 그럴 때일수록 일단 책상 앞에 앉아서 컴퓨터를 켠다. 그리고 생각나는 대로 타자를 치기 시작하다 보면 어느새 하기 싫던 감정이 서서히 가라앉는다.

해야 할 일은 그 자체로 이유가 있는 것이니 단순하게나마 시작하는 게 중요하다. 이유를 찾지 말고 그냥 시작하는 것이 옳다. 뚜렷한 이유나 동기가 없더라도 그냥 시작하고, 특별한 의미를 부여하지 않고 계획한 일을 달성해 나가는 것이다. 이렇게 하루하루를 실천하다 보면, 얼마나 걸리든 목표를 달성할 수 있다는 것은 확실하다.

자신의 목표나 다짐을 스스로 어기는 것만큼 어리석은 행동은 없다. 누군가의 강요나 억압에 의해 세운 목표가 아니라, 내가 나를 돌보고 더 나은 사람이 되고자 세운 계획과 목표이기 때문이다. 결국 이는 나 자신과의 싸움이다. 이 세상에는 내가 어떻게 할 수 없는 일들이 많다. 질병, 경제, 전쟁 등 내가 아무리 노력한들 벌어질 일은 벌어진다. 이런 세상에서 최소한 내 행동은 내가 통제하며 살아갈 수 있어야 한다.

살아가면서 유일하게 통제할 수 있는 것이 바로 나의 행동이다. 끊임없이 도전하다 보면 실패도 피할 수 없을 것이다. 하지만 그 실패를 발판 삼아 기어코 다시 일어나는 것은 결국 내 의지이다. 그 과정에서 나는 분명히 나아가며 성장할 것이다. 그리고 그것을 통해 나는 더욱더 단단해지고 강한 사람이 되어갈 것이다.

∞ 나를 사랑하는 것에는 어떠한 이유도 필요 없어

　자존감은 삶에서 매우 중요하다. 자존감이 낮으면 자신감 있게 살아가기 어렵다. 자존감을 높이기 위해서는 먼저 자기 자신을 사랑하는 게 중요하다. 하지만 자존감이 낮은 사람에게 자신을 사랑한다는 것은 결코 쉬운 일이 아니다. 오히려 자신을 비난하고, 비하하는 습관에 더 익숙해져 있는 경우가 많다.

　나는 나를 아주 가끔씩만 사랑했다. 내가 하고자 하는 일을 해냈을 때나 스스로 뿌듯함이 느껴질 정도로 열심히 살아냈던 때만 나를 칭찬했다. 내가 나를 조건부로 사랑한 것이다. 자존감을 높이려고 억지로 나를 사랑하기 시작했다. 너무 못나고, 한심하고, 나조차도 싫증나는 내 모습들조차도 사랑하기 위해 애썼다. 무기력증에 빠져서 허우적거리는 모습도, 우울증에 빠져서 깊이 가라앉아 헤어 나오지 못하는 모습도 결국은 나였다. 그 모든 순간에 나는 주문을 걸듯이 의무적으로 나를 사랑하고자 했다.

　긍정적으로 생각하는 것도, 행복함을 익숙한 감정이라고 생각하는 것도, 나를 사랑하는 것도 결국은 습관이었다. 나에 대한 부정적인 감정을 떨치는 것도, 나를 사랑하는 것도 습관이 되자 우습게도 나는 진짜 나를 사랑하게 되었다. 그러자 비로소 아프고 힘든 순간에 나 자신을 위로할 수 있게 되었고, 잘 버티고 극복해 준 나에 대해 고마움이 생겼다.

아침에 일어나서 아무 이유나 생각 없이 오늘 하루도 나를 사랑하기로 결심하는 것이 큰 도움이 됐다. 오늘을 잘 살아내든 잘 살아내지 못하든 무조건적으로 나를 사랑해 주기로 하는 것이다.

사람은 누구나 양면적이다. 좋은 부분이 있으면 반드시 못난 부분도 있다. 나의 좋은 부분은 타인도 나를 사랑하게 만드는 이유가 된다. 하지만 나의 못난 부분은 나 자신밖에 사랑해 줄 수 없다. 그런 모습까지 사랑한다는 게 어쩌면 자의식 과잉이라고 할 수도 있겠지만, 자존감이 낮은 것보다는 나르시시즘이 단연코 낫다.

살아가면서 수없이 다가올 고비와 고난 앞에서 가장 응원이 되어줄 수 있는 사람은 그 누구도 아닌 나 자신이다. 나를 칭찬하는 것에 인색하면 안 된다. 먹기 싫은 밥을 억지로 먹었을 때, 나는 나를 칭찬했다. 매일 아침 일어나기 싫은 순간에 잘 일어났을 때, 역시 마찬가지로 나를 칭찬했다. 누군가에게는 아무 일도 아닌 것처럼 보이는 일들도, 내 일이 되었을 때는 버겁고 별일이 될 수 있다.

아직도 나는 수많은 날을 망치며 살아간다. 그러다 보면 책임감 없이 일을 하지 못해 마감 기한을 어기기도 하고, 스스로와의 약속을 어기기도 한다. 하지만 결국 나는 다시 일어서서 모든 일을 수습하고 다시 잘 살아내 보려고 마음을 다잡는다. 그럴 때는 지나간 일에 왜 그랬어? 라며 스스로를 자책하면서 시간을 보내기보다 결국은 잘 극복해 낸 것에 초점을 맞추는 것이 옳다.

앞으로 이런 일이 다시는 일어나지 않을 거라는 보장은 없다. 나는 아직 우울증 환자이기 때문이다. 그러니까 앞으로 같은 상황이라도 다시 일어설 수 있는 자신감을 가지는 게 무엇보다 중요하다. 또한, 왜 또 넘어졌는지를 따져 묻기보다 왜 그럴 수밖에 없었는지에 집중하자. '사실은 힘들고 지친 상태였는데 무리하게 일을 했어.', '사실은 스트레스를 많이 받은 상태였는데 나를 돌보지 않았어.', '사실은 체력이 달렸는데 또다시 무리를 했어.' 따위의 이유가 있기 마련이다. 다음에 같은 상황이 온다면 어떻게 대처하겠다라는 결심으로 질책을 대신하는 것이다. 그런 하루들이 쌓여서 나는 서서히 변화하고, 꾸준히 나아지는 중이다.

'괜찮아.' 나에게 위로를 건네고, 더욱 힘껏 끌어안아 준다. 이 모든 것은 나를 사랑해야만 가능한 일들이다. 그러니 아무 조건 없이, 아무 이유 없이 무작정 나를 사랑하자. 이 세상에서 나를 이토록 사랑해 줄 수 있는 사람은 오로지 나뿐이다.

∞ 사람이 좋은데, 사람이 무서워

    나는 오지랖이 넓은 편이었다. 길을 지나가다 술에 취해 있는 사람을 보면 그냥 지나치지 못했다. 흔들어 깨워서 택시를 태워 보내거나, 깨어나지 못하면 경찰서에 신고하여 경찰이 올 때까지 기다려 주곤 했다. 또 길거리에서 싸움이 나거나 다친 사람을 보면 직접 말리거나 도와주곤 했었다.

    사람에 대한 호기심이나 동정심도 강했다. 학창시절 때 왕따를 당하는 친구에게 친절을 베풀다가 성추행을 당하기도 하고, 항상 화난 표정을 짓고 있던 반 친구가 걱정되어 자꾸 말을 시켰다가 그 아이가 흥분해서 커터 칼로 교과서를 찢는 상황이 벌어진 적도 있었다. 대학교에 가서도 놀림과 무시를 당하던 후배를 도와주었다가 고백을 받게 됐는데, 마음을 받아주지 않자 내가 다른 사람을 사귀면 죽여 버리겠다는 말까지 들었다.

    나는 사람에게 쉽게 마음을 주고 동정을 했다. 불쌍한 사람이 있으면 돕고자 나섰고, 위기에 처한 사람이 있으면 힘이 되어주고 싶었다. 그러나 그 과정에서 많은 사람들로부터 사랑과 감사함을 돌려받았지만, 반대로 그러지 못할 상황에서는 상처를 입기도 했다. 이러한 경험을 통해 내가 함부로 사람들을 판단하고 평가한다는 것을 깨달았다. 그 사람의 입장이나 사정을 제대로 이해하지 못한 채 내 기준에 따라 도와주려는 노력이 오히려 그들에게 상처를 준 적도 있었다.

 나는 호의적인 마음으로 했던 행동이 상대방에게 해가 될 수도 있다는 것을 깨달은 후로, 사람들을 대하는 태도가 바뀌었다. 사람과의 거리를 두기 시작했다. 도움이 필요한 사람을 못 본 척 지나치는 게 죄책감을 일으키기도 했다. 이렇게 성격이 변하게 된 것이 슬펐다. 좋은 마음으로 했던 행동이 되레 나쁜 결과를 낳아 마음 한 켠에 쌓여, 결국 나는 스스로 벽을 세우게 되었다. 그 벽은 지나치게 두꺼워졌다. 낯선 사람이 말을 걸면 긴장되고 화들짝 놀랄 정도이다.
 이제 그 벽을 조금씩 허물고 싶다. 내가 좋은 마음을 건네면 그대로를 받을 수 있는 사람들에게 내 마음을 전하고 싶다. 프리랜서로 일을 한 후로는, 혼자 일하다 보니 외롭고 사람이 그립다. 그래서 봉사활동을 시작했다. 사람들과 어울리며 소통하고 함께 좋은 순간을 나누다 보면, 두꺼운 나의 벽도 조금씩 허물어지지 않을까.
 "사람에게 받은 상처는 사람으로 극복하라."는 말이 있다. 이 말은 비단 연애에만 해당하는 건 아닐 것이다. 스스로 동굴에 갇혀 버렸던 내가 용기를 내서 다시 세상과 사람에게 다가가고

자 한다. 부디 아무 탈 없이 좋은 사람들을 만나서, 다시 사람을 좋아하고 사랑했던 예전의 나로 돌아갈 수 있기를 바라고 있다.

∞ 모두에게 좋은 사람일 필요는 없어

나는 타인의 시선을 극도로 신경 쓰는 편이었다. 그래서 내 기분이 좋지 않더라도 늘 웃는 표정을 유지하려고 애썼다. 내 의견을 주장하고 피력하는 일보다는 타인의 주장에 맞추는 게 훨씬 쉬웠다. 아마 이런 성향은 가정폭력을 겪은 어린 시절의 영향 때문일 거다. 주변 사람들에게 나의 안 좋은 부분을 들킬까 봐 불안했고, 혹여나 타인의 감정을 상하게 할까 봐 걱정됐다.

나는 모든 이들에게 좋은 사람이고 싶었다. 모두가 나를 사랑하고, 밝고 사랑스러운 사람으로 봐주기를 원했다. 사람들을 워낙 좋아해서 주위에 늘 많은 사람들을 두면서도, 한편으로는 너무 피곤했다. 타인과의 관계를 좋게 유지하는 것은 생각보다 많은 감정 소모와 에너지 낭비가 뒤따랐고, 나는 그러다 어느 날 우울증에 빠져 버리고 말았다.

우울증이 발현되면서 나는 먼저 주변 사람들과의 관계를 끊어냈다. 의도한 바는 아니지만, 사람들을 만나는 것이 두렵고 힘들게 느껴져서 자연스럽게 그 방향으로 나아가게 되었다. 가까운 사람이 아니거나 만나야 할 필요가 없는 사람들과는 서서히 거리를 두고 연락을 줄여갔더니, 결국 자연스럽게 연락이 줄어들게 되었다.

내 감정을 편하게 드러낼 수 있는 사람들만 만나다 보니, 사람들을 만나는 것에 대한 두려움이 조금씩 줄어들었다. 굳이 밝은 모습으로 꾸며내지 않아도 되는 깊고 좁은 인간관계를 만들었다. 그리고 아프고 힘든 일이긴 하지만 나를 내치거나 끊어내는 인간관계를 붙잡으려고 애쓰지도 않았다.

예전의 나였다면 어떻게 해서든 다시 그 관계를 붙잡고 이어가려고 했을 것이다. 그때 나는 내가 모든 사람을 사랑할 수 없듯이 모든 사람이 나를 사랑할 수 없다는 사실을 서서히 배워갔다. 잘 보이려고 애쓰거나, 눈치 보고 맞춰주지 않아도 내 곁을 지켜주는 사람들이 있었고, 나는 그 사람들에 더욱더 내 진심과 마음을 주었다.

그런 수평적이고 상호적인 인간관계를 쌓아가면서 나는 비로소 안정감을 느낄 수 있었다. 나를 오랜만에 보는 사람들은 분위기가 바뀌었다는 말을 많이 했다. 뭔가 달라졌다는 소리도 자주 들었다. 하지만 그런 말들에 굳이 신경 쓰지 않으려고 노력했다. 이게 원래 내 모습이고 나는 그동안 내 모습을 숨긴 채 살아왔을 뿐이니까. 조금 우울하고 어둡지만, 씩씩한 게 진짜 내 모습이었다.

활동적이고 외향적이었던 내가 내향적으로 변했지만, 그런 변화는 나에게 되레 편안함을 주었다. 불필요한 에너지를 소비하지 않아도 되니 내 안은 평온했다. 이제는 진짜 나로 살아가기 시작했고, 그 결과로 삶에 대한 만족도가 높아졌다.

이렇게 살아오면서 깨달은 게 있다면 내 마음대로 사는 편이 훨씬 편안하게 살 수 있는 방법이라는 사실이다. 모두에게 좋은 사람일 필요도 없고, 모두에게 사랑받을 필요도 없다. 나에게 소중하고 귀한 인연들, 그리고 나를 사랑해 주는 고마운 사람들에게만 좋은 사람이 될 수 있다면 그것으로 충분하다.

나를 싫어하거나 오해하는 사람들에게 구구절절 해명할 필요도, 나는 그런 사람이 아니라고 증명하기 위해 애쓰는 일도 무리해서 할 필요는 없다. 그런 사람들은 이미 색안경을 끼고 나를 바라보고 있으므로 내가 어떤 노력을 해도 바뀌지 않을 가능성이 크다.

사람을 좋아하는 것에 아무런 이유가 없듯이 사람을 싫어하는 것에도 아무런 이유가 없을 수 있다. 나도 아무런 이유 없이 사람을 좋아하고, 또 싫어한다. 그러니까 그런 사람들은 그냥 내 삶에서 자연히 흘러가게 놔두면 그만일 뿐이다. 그 에너지를 차라리 내 옆에 있는 사람들에게 쏟으련다. 내 곁을 지켜주는 사람들에게 내 마음을 진심으로 쏟을 수 있는 것, 그것만으로 충분하다.

∞ 여유라는 건 내가 만들어내는 것이다

한동안 여유가 없는 생활이 이어졌다. 나는 끊임없이 도전하고, 계획을 세우며 일을 진행하는 편이다. 그러다 보니 하루하루가 시간에 쫓기듯이 빠르게 지나가기만 했다.

그러면서도 나는 늘 알 수 없는 불안에 시달렸다. 시간이 부족하다는 생각 때문에 건강을 위해서 하는 운동이나 아침에 기상해서 갖는 30분 독서 시간을 충분히 즐기지 못하고 오히려 시간을 빼앗기는 듯한 불안함이 느껴졌다.

이런 상황에서도 나는 여유를 가질 필요성을 느끼지 못하고, '이 일만 끝나면 여유가 생기겠지.'라고 생각하는 실수를 반복했다. 하지만 아무리 어떤 일을 해내도 항상 다음 일이 기다리고 있었고, 결국에는 완벽한 자유는 오지 않았다. 심지어 그런 자유가 온다 해도 이런 마음가짐을 가지고 산다면 나는 여유를 느끼지 못했을 것이다. 어떤 삶이든 할 일은 끝없이 생겨나기 마련이기 때문이다.

그래서 모든 일을 할 때 여유를 가지고 살아가기로 마음먹었다. 일을 할 때나 취미 생활을 할 때 즐기면서 하기보다 시간에 쫓겨서 허둥지둥 끝내곤 했던 게 싫었다. 어떤 일이든 그렇게 행하고 나면 능률적이지도 않았고 완성도도 떨어졌다.

    업무를 하다가 집중력이 흩어지면 잠시 멈추고 차를 한 잔 마셨다. 다이어리에 적혀 있는 계획도 의무적으로 행하기보다 마음이 내키지 않으면 하지 않았다. 여유를 가지고 움직이니, 그 여유라는 것이 어느 날 갑자기 생기는 게 아니라 내 스스로가 만들어간다는 것을 알게 되었다. 앞으로도 이 훈련을 계속 이어가려 한다.

    무엇을 하든 느긋하고 여유를 부릴 줄 아는 사람이 되고 싶다. 여유가 없으면 마음이 각박해지고, 그 각박한 마음은 나와 타인에게 연결되기 때문이다. 부모님과 통화하는 애틋한 시간, 애인과 보내는 소중한 시간, 친구들과 보내는 행복한 시간들까지 조바심과 불안감을 느끼고 싶지 않다.

    여유는 우리 삶의 모든 영역에서 필요한 부분이다. 그러니 지금 당장 초조함에 발버둥을 치기보다 한 뼘 물러나 여유를 가지고 내 삶을 천천히 살아간다면 언젠가는 완치라는 것도, 내 삶의 목표, 혹은 꿈이라는 것도 내 손에 들어오게 되지 않을까?

    오늘 당장을 여유롭게 살아보는 것에 집중하자. 그런 매일이 쌓이다 보면 결국 여유도 원래부터 내 것이었던 것처럼 내 몸에 자리잡게 될 것이다.

∞ 내가 원하는 시간에 잠들 수만 있다면

나는 여러 가지 질병을 앓고 있지만, 가장 힘든 것은 불면증이다. 나의 모든 에너지와 체력을 100% 써서 몸이 고장 나기 일보직전이 되어야 비로소 잠이 들 수 있고, 그 외의 날들은 대부분 잠이 쉽게 오지 않는다. 잠이 드는 데 평균적으로 4시간 이상 소요된다.

그럴 때면 억지로 눈을 감고 생각의 고리를 차단하기 위해 노력하며 계속 누워 있기만 했다. 그런데 여러 매체의 정신과 의사들은 밤에 잠이 오지 않으면 침대를 벗어나라고 조언했다. 침대는 자는 공간이라는 인식을 유지하기 위해, 만약 잠이 오지 않으면 그 자리를 벗어나서 다른 일을 하라는 것이었다.

이 조언을 따라 실행해 보았다. 잠이 오지 않으면 거실로 나와서 책을 읽거나 TV를 보거나 글을 쓰는 등 다양한 방법을 시도했다. 하지만 그 후 다시 침대로 가서 누워도 잠이 오지 않기는 매한가지였다.

숙면을 취하기 위한 방법들은 모조리 실현해 봤다. 카페인 끊기, 알코올 끊기, 빛 차단하기, 전자기기 사용하지 않기, 낮에 햇빛을 보면서 산책하기 등. 아예 밤을 새본 적도 있다. 그럼 다음 날엔 잠이 잘 오겠지. 하지만 하룻밤을 새면 다음 날, 그 다음 날까지 영향을 받아서 몸 상태가 말이 아니었다. 충전이 덜 된 핸드폰처럼 몸과 정신이 제기능을 하지 못하고, 며칠 내내 피로한 상태가 유지됐다.

40시간 이상을 깨어 있다가 잠드는 날들이 이어지니 체력이 쉽게 고갈됐다. 오랜 시간 깨어 있는 것에 몸이 익숙해지자 불면증은 더욱 심해졌다. 내가 원하는 시간에만 잠들 수 있어도 다음 날의 컨디션이 괜찮을 것이고 나름대로의 규칙적인 생활 습관을 이어갈 수 있을 텐데, 잠자는 게 내 마음대로 되지 않자 나머지 생활도 뜻대로 하기가 힘들었다.

아직 불면증은 치료의 과정을 거듭하고 있지만, 가장 효과를 봤던 치료법을 소개해 보려고 한다. 이것은 해파리 수면법으로 불리며, 운동심리학자 로이드 버드 윈터가 개발했다. 이 방법은 미국 해군에서도 사용되어 96%라는 높은 성공률을 기록했다. 실제로, 미국 해군 구성원들은 포탄이 터지는 전시 상황에서도 이 방법을 통해 단 2분 만에도 수면에 접어들 수 있었다고 한다.

이 훈련법은 매우 간단하다. 침대에 누워서 얼굴, 어깨, 상체, 허벅지, 종아리, 발목 순으로 모두 힘을 푸는 것이다. 침대 안으로 푹 꺼지는 듯한 느낌이 들 정도로 온몸의 힘을 모두 뺀다. 나는 이때 해파리가 된 것마냥 축 늘어지는 상상을 한다. 그리고 세 가지 중 하나를 머릿속에 떠올린다. 첫째는 햇빛이 나른하게 비치는 오후, 넓은 호수에 카누를 띄워놓고 그 위에 둥실둥실 떠서 나른하게 누워 있는 상상이다. 둘째는 어두컴컴한 밤에 드넓은 초원의 한가운데서 해먹에 누워 쏟아지는 별빛을 바라보는 상상이다. 셋째는 나는 아무 생각이 없다, 라고 최면을 걸듯이 계속 되뇌는 것이다. 세 가지 모두 다 해보고 나에게 맞는 방법을 찾으면 된다. 그리고 이 훈련을 꾸준하게 6주 동안 실천하면 된다.

나는 이 방법을 통해 완전한 치유는 아니지만 불면증이 상당히 개선되는 효과를 경험했다. 6주 동안 매일 꾸준히 실천하는 것은 어려울 수 있지만, 수면 장애를 극복하기 위한 최소한의 노력이다. 근육 이완 훈련을 통해 조금씩 더 나아질 수 있다. 모두가 깊고 편안한 단잠에 빠져 휴식을 취할 수 있기를 그저 바랄 뿐이다.

∞ 화를 내는 것도 습관이다

    20대 중반까지만 해도 나는 거의 쌈닭이었다. 불의를 당하면 참지 못했고, 나를 해치는 사람에게는 즉각적으로 달려들어 반격했다. 우울증이 시작된 직후부터였다. 세상 모든 것이 짜증났고, 사람들도 지겨웠다. 지나가는 사람이 조금이라도 부딪치면 인상을 쓰고 노려보고, 친구들과 마찰이 생기면 소리도 질렀다. 어릴 때 참아왔던 분노가 마구 폭발하는 시기였다.

    다행히도 우울증 치료를 받으면서 화가 적어졌고, 사소한 일에 예민하거나 민감하게 반응하지 않게 됐다. 내면이 편안해지면서, 사소한 일은 넘기려고 노력했다.

    그러다 보니 가족이나 애인, 친구들에게 조금 더 다정한 성격으로 변화했다. 화를 낸다는 것은 내 에너지를 소모하는 일이다. 몸이 부들부들 떨리고, 생각 회로는 온통 부정적으로 꽉 차고, 화를 낸 후에는 후회나 수치심이 몰려온다. 어쩌면 우울증 치료와는 별개로 나이가 들면서 이런 불필요한 에너지를 쓰고 싶지 않아서 화가 줄어든 걸 수도 있겠다.

    하지만 시간이 지나자 화내는 것도 습관이라는 사실을 알게 되었다. 아무리 화가 나고 짜증나도 한 번만 참고 넘어가자. 심호흡을 하고 화를 가라앉히면 그것도 훈련이 된다. 내가 화를 가장 잘 내게 되는 상대인 애인을 대하는 태도를 보면 그렇다. 예전에는 나와 의견이 맞지 않거나 나의 의견을 받아들이지 않으면 무작정 따지고, 화를 내고, 소리를 질렀다. 물론 연애를 오래하면서 서로 맞춰가고 익숙해진 것도 있지만, 화를 내지 않으려고 계속해서 노력을 하다 보니 신기하게도 화가 참아졌다.

물론 세상을 살다 보면 큰소리로 맞받아쳐야 하는 경우도 있고, 내 의견을 강하게 표출해야 할 경우도 생긴다. 하지만 화를 내는 것이 항상 답은 아니라는 걸 말하고 싶다. 나도 좋은 말로 좋게 얘기하는 사람의 의견은 경청하지만, 소리를 높여 분노하는 사람의 의견은 그저 흘려듣고 넘어간다. 그러니 내 주장과 설득력을 높이기 위해서는 화를 내는 대신 침착하게 말하는 습관을 들여야 한다.

아마 내가 누군가에게 이성을 잃고 화를 내는 모습을 보였다면, 다음에도 내가 화를 냈을 때 타인은 또 저러는구나, 라고 생각할 가능성이 크다. 또 화가 날 때는 막말을 하기가 쉽고, 내가 입은 피해나 충격을 더 큰 분노로 표출하기도 한다. 그런 모습을 자주 보인다면 사람도 잃고, 신뢰도 잃고, 이미지도 망가지기 마련이다.

불만이나 서운한 것이 있으면 차근차근 말로 풀어나가는 것을 연습하다 보니 내 성격 자체가 변하는 걸 느낄 수 있었다. 사람들과의 불필요한 감정싸움과 에너지 낭비를 줄여 나가자 나 자신이 평화로워졌다. 그렇게 타인에게 표출하는 감정이 통제가 되면 나 스스로에게 향하는 감정도 통제가 된다.

지나치게 자책하거나 비난하거나 혐오하는 것을 하지 않게 된다. 참고 살지 말되, 똘똘하고 멋지게 말하는 사람이 되자는 게 내 바람이다. 화를 내지 않고도 충분히 이성적으로 에너지를 쓰지 않고 효율적으로 말하는 방법이 있으니까 말이다. 나는 직설적인 성격이라 불만이 있으면 아직도 그대로 표현을 한다. 하지만 그 방법을 바꾸었을 뿐이다.

이래서 서운해. 이래서 좀 기분이 나빠. 그렇게 말하는데도 바뀌지 않는 사람은 영원히 바뀌지 않을 사람이다. 그런 사람은 내 인생에서 버리는 편이 깔끔하다. 나를 짜증나게 하거나 화나게 하는 사람을 곁에 두면 내 감정만 낭비될 뿐이다.

꼭 필요에 의해서 만나야 하는 관계라면 투명 인간 취급을 하는 것도 하나의 방법이다. 화를 낼 바에는 차라리 무시하는 게 더 좋다. 어쨌든 내가 행복하려고 사는 인생인데 남이 어떻게 느끼고 어떻게 상처받을지까지 생각하지는 않을 것이다. 그저 내 삶에서 아웃시키고 신경 쓰지 않으면 그만이다.

∞ 하고 싶은 거 다 하면서 살래

　하고 싶은 일을 자꾸 미루는 이유는 돈 때문이거나 취업, 공부, 가족, 연애 등 다양한 환경적 요인 때문이다. 그러나 어떤 이유든지 자꾸 미루다 보면 내가 하고 싶은 것을 이룰 기회가 찾아오지 않는다. 돈 때문에 할 수 없다면, 돈을 벌어서 우선 그것을 시작하는 것이 좋다. 취업이나 공부 때문이라면, 남는 시간을 활용해서라도 반드시 원하는 것을 해야 한다. 나의 시간과 젊음은 어떤 것보다 소중하기 때문이다.

　지금 원하는 것을 계속 미루고 참는다면, 내 삶은 행복하지 않을 것이며 우울해질 것이다. 동생은 해외여행을 무척 좋아한다. 아직 독립하지 않은 채, 본집에서 가족과 함께 생활하며 돈을 모으는 족족 해외로 여행을 떠난다. 엄마는 그런 동생의 미래나 취업 등을 자주 걱정하지만, 나는 동생이 자신의 꿈을 하나씩 이루어가는 모습이 부럽다. 동생도 돈을 모아서 독립하기를 바라고 있지만, 우선순위를 정해서 내가 당장 행복할 수 있는 일을 먼저 하는 것이라고 생각한다.

　지금 당장 하고 싶은데 차마 하지 못하고 참는다면, 지금 당장 행복할 수 없다. 또한, 하고 싶은 일이나 취미를 통해 얻는 해방감과 스트레스 해소는 이 퍽퍽한 현대 사회에서 매우 중요한 부분이다. 하고 싶은 일을 통해 삶에 대한 만족감과 성취감을 얻을 수 있기 때문이다. 물론, 하고 싶은 일을 위해서는 준비가 필요하고 이를 위해 돈을 모으거나 시간을 투자해야 할 수도 있다. 하지만 이러한 준비 과정도 마음이 행복해지고 즐거워지는 일이라면, 그것 또한 중요한 부분이다. 왜냐하면 그것은 즐거움과 만족감을 주는 활동이기 때문이다.

흔히들 "오늘 죽을 것처럼 살라."고 말한다. 인생에는 오는 순서는 있어도 가는 순서는 없다고, 언제 어떻게 아프게 될지, 죽을지는 아무도 모르는 일이다.

나는 항상 후회하는 게 20대 내내 거의 글을 쓰지 못하고 보냈다는 것이다. 학교를 졸업하고, 공부를 하고, 자격증을 따고, 취업을 하고, 정규직이 되려고 애쓰고, 프리랜서가 되어서는 자리를 잡기 위해 애쓰는 동안 단 한 줄도 글을 쓰지 않았다. 나를 위한 숨 쉴 구멍을 한 줌도 내어주지 않은 것이다. 다시 그렇게 살라고 하면 버틸 자신도 없고, 그렇게 살았던 내가 원망스럽다. 하루에 단 30분이라도 꾸준히 글을 썼다면 과거가 이렇게 끔찍한 기억으로만 남아 있지 않았을 텐데, 따위의 후회를 한다. 그리고 나에게 남아 있는 자산도 지금보다는 훨씬 컸을 텐데. 숨구멍을 틀어막고 목만 조이고 있었으니 우울증이 나아질

리가 없었다.

　좋아하는 일을 하는 건 소비적인 일이 아니다. 내 삶을 더 풍족하게 해주고 나를 웃게 해준다면 그것만으로도 충분히 가치 있는 일이다. 얼마 전에는 처음으로 명품 가방을 구매했다. 무슨 분수에도 맞지 않게 명품이냐며 혀를 내두를 사람도 있겠지만, 오랫동안 갖고 싶었던 가방을 사니 너무 기뻤다. 침대 옆에 고이 모셔두고 볼 때마다 행복감을 느끼는 중이다.

　내가 좋아하고 가치 있게 생각하는 일에 다른 사람의 평가나 잣대는 필요 없다. 그저 아무런 쓸모없는 참견일 뿐이다. 그러니까 아무도 신경 쓰지 말고, 아무런 희생도 하지 말고, 더 이상 참지도 말고 하고 싶은 일은 당장 하며 살아가야 한다. 돈이든 시간이든, 오직 나만을 위해 투자해 보는 것이다.

∞ 미안하지만, 내 멋대로 살게요

 우울증이 발현되고 난 후 "너 어딘가 좀 달라진 것 같아."라는 말을 많이 듣는다. 오랜만에 만난 친구들은 나와 한참 이야기를 나누다가 갑자기 그런 소리를 곧잘 하곤 했다. 이런 날이면 집으로 돌아와서 내가 어떤 부분이 변했는지 내내 생각하곤 했다.

 사실, 거의 변하지 않은 부분이 없다고 여길 정도로 나는 많이 변했다. 그럼에도 불구하고 변했다는 소리를 듣는 게 달갑지만은 않았다. 시간이 흐른 뒤에 생각해 보니, 이것은 어쩌면 내 우울함을 타인에게 들켜서였을 것이다.

 주위 대다수 사람들은 내가 가지고 있는 우울증에 대해 알고 있다. 그래서 내가 깊은 우울에 빠졌을 때 어딘가 다르게 보인다는 말을 들으면 그렇게 속상하고 서운할 수가 없었다. 하지만 이제는 속상하기보다 오히려 나의 작은 변화를 눈치채 주고 알아봐 주는 소중한 사람들에게 감사를 느낀다.

 나는 현재의 내 모습이 좋다. 기분이 좋지 않을 때에는 굳이 웃지 않고 무표정하게 있는 내가 좋고, 하고 싶은 말이 있을 때는 참지 않고 적절한 방법으로 표현할 수 있는 내가 좋고, 사람들에게 억지로라도 사랑받기 위해 노력하지 않는 내가 좋다. 결국 다른 사람들이 나를 어떻게 바라보고 무엇을 말하든 그것은 중요하지 않다. 나만이 삶을 편안하고 내 방식대로 살아간다면 충분하다. 현재 내가 행복하고 편안한데, 그 이상 중요한 것이 무엇이 있을까.

우울증은 착하고 배려심이 많은 사람에게 많이 찾아온다. 내가 착하고 배려심이 많다는 이야기가 아니다. 그저 자신보다 타인을 위해 노력하다가 우울증에 빠지는 사람들이 많다는 것을 말하고 싶다.

나를 내 세상의 중심에 두는 것이 중요하다. 나를 헤치거나 힘들게 하지 않는 범위 내에서 타인을 돌보고 배려한다면 균형을 잘 맞출 수 있다. 적당한 균형을 찾는 것은 어렵지만 가장 좋은 방법이다. 결국 사람이 중요하다. 나를 좋아해 주고 응원해 주는 사람들, 내가 좋아하는 사람들, 그리고 좋은 사람들을 곁에 두면 좋은 영향을 많이 받을 수 있다. 내가 내 방식대로 살아가더라도 칭찬해 주고 응원해 주는 사람들을 잃지 않고 곁에 두어야 한다.

우울증이 있다고 이야기하면 사람들의 눈에서 우려와 걱정을 읽을 수 있다. 내 정신병에 대한 우려와 회사 관련된 사람이라면 일은 잘할 수 있는지 걱정하는 눈빛이 바로 읽힌다. 그 후 거의 대부분의 사람들은 나에게 위로와 조언을 건넨다. 물론 너무 고맙지만, 부담될 때도 있고 전혀 도움이 되지 않을 때도 있다. 예전에는 이마저도 모두 흘려들었지만, 이제는 새겨들을 말이 있거들랑 새겨듣는다. 특히 되도 않는 말을 하는 사람들에게는 혼자서 조용히 읊조린다.

"미안하지만, 내 멋대로 살게요."

나는 아직 우울증을 치료 중이며, 나를 사랑하는 방법을 배워가고 있는 중이다. 이 치료는 아마 앞으로 오랜 시간 계속될 것이다. 가끔씩 다시 아프거나 원점으로 돌아간 것 같은 허망함이 느껴져도, 조금만 힘들어하고 계속해서 치료를 해나갈 것이다.

내 최종 목표는 우울증 완치이다. 내 삶에서 우울증, 불안증, 식이 장애, 수면 장애 등이 완전히 사라지는 날이 꼭 오리라고 믿는다. 그날이 오면 지금을 돌아보며 많은 것을 배웠다고 생각할 수 있기를 바란다.

나는 끊임없이 나를 갈고닦아 빛나는 보석이 되기 위해 노력할 것이다. 그 찬란하고 빛나는 날을 위해 오늘도 어김없이 최선을 다해 뻐끔뻐끔 숨 쉬며 살아가고 있다.

마치며 _ 정신병을 앓고 있다는 사실을 당당하게 말할 수 있는 날이 왔으면

나는 아침, 저녁으로 약을 복용한다. 이것이 이제는 습관 되어서 아침에 약을 먹는 것으로 하루를 시작하고, 잠들기 전에 약을 먹는 것으로 하루를 마감한다. 가끔 친구들과 여행을 가거나 친구 집에서 잠을 잘 때면 무슨 약을 복용하는 거냐는 질문을 받곤 한다. 그럴 때, 정신과 약을 복용하는 사실을 언급하는 게 아직은 불편하다. 우울증을 앓고 있다는 말을 건네면 바로 이어지는 잠시의 정적과 어떤 반응을 보여야 할지 고민하는 듯한 행동들 역시 익숙하지 않다. 아마 비염 약을 복용 중이라고 대답했다면 사람들은 대수롭지 않게 지나갔을 순간들이겠지.

회사에 다니면서 우울증 치료를 받고 있다고 밝혔다가 후회한 적이 한두 번이 아니었다. 내가 기운이 없거나 피곤해하는 날이면 어김없이 약기운 때문이냐는 질문을 받았다. 정신병에 대한 편견은 생각보다 짙고 강하다. 약을 복용하는 것이, 사회생활이나 업무에는 전혀 지장이 없음에도, 보는 사람들은 그렇게 생각하지 않는다. 어떤 사람들은 너무 무겁게 생각해서 "저 사람이 업무를 제대로 할 수 있을까?" 의문을 갖기도 하고, 어떤 사람들은 너무 가볍게 생각해서 "고작 우울증 가지고 유난을 떠네." 생각할 수도 있을 것이다. 이 모든 것이 정신병에 대한 편견이다. 만약 내가 비염을 앓고 있다고 한다면 앞서 말한 모든 생각들은 애초에 따라붙지도 않을 것이다.

이와 같은 이유로 많은 사람들이 우울증, 공황장애, 불안장애 등을 감추며 살아가고 있다. 말해봤자 이해받기는커녕 난감한 상황에 처하게 될까 봐 되레 걱정하기 때문이다. 게다가 아직까지도 우울증을 자기 의지로 극복할 수 있다고 주장하거나, 의지력이 부족해서 나아지지 않는 것이라고 비난하는 사람들도 있다. 이런 비난과 상처를 주는 말을 받을 때마다 마음이 너무 아프다.

정신병을 앓고 있는 사람들이 당당하게 세상 밖으로 나와 자신의 질병을 거리낌 없이 이야기할 수 있는 날이 올 수 있을까? 그럴 수 있다고 믿는다. 이미 변화의 씨앗은 심어져 있으니까 말이다. 작은 바람이라도 불면 그날이 더 빨리 찾아올 수 있을 거다.

정신병을 가진 이들도 아픈 사람들이고 환자이다. 그리고 치료를 받으면 나을 수 있다. 이 간단한 사실을 모두가 받아들일 수 있는 그날이 오면, 나는 정말 행복할 것 같다.

유별난 게 아니라 유병한 거예요

ⓒ장미교 에세이

초판 1쇄 인쇄 2024년 07월 17일
초판 1쇄 발행 2024년 07월 17일

지은이	장미교
펴낸곳	새벽달
일러스트	류윤슬
카피라이터	조셉
교정교열	디에디트
포토그래퍼	곽승훈
출판등록	2023년 04월 28일 제 2023-000040호
대표메일	dodomido@naver.com
인스타그램	@mao_poet
인쇄	(주)열림씨앤피
ISBN	979-11-988022-5-5 (03810)

◦책값은 뒤표지에 있습니다.
◦이 책은 저작권법에 따라 보호받는 저작물이므로 무단 전재와 복제를 금합니다.
◦잘못 만든 책은 구입하신 서점에서 바꾸어드립니다.